PHILEAS DEL MONTESEXTO

EL CASTILLO INTERIOR

Conócete a ti mismo

Enciclopedia de la Sabiduría Antigua

Volumen II

Tercera edición revisada y ampliada

EDITADO POR LA ASOCIACIÓN INTERNACIONAL DE FILOSOFÍA INICIÁTICA

INFO@INITIATIONIS.ORG

WWW.INITIATIONIS.ORG

DIBUJOS INTERIORES: CÉSAR FERNÁNDEZ

DIBUJO DE TAPA: JIMMY MEDRANO

Dedico fraternalmente esta obra a Andrea Fioravanti, Silvia Tagliaferro y Catalina Yela.

Por su desinteresada ayuda para que este libro haya sido finalmente editado, deseo expresar mi agradecimiento a: José Mato, Antonio Bataller, Mario López Rico, José Guillermo Bello, José Contreras, Fabio Tecco, Carlos Bustamante, Francesc Pujals, Frank Villaverde, Patricio Romano, Lylyana Medinah, Andrés Lema, Antonio Panda, Mary Barceló, Artemo de Jesús Quintero, José Antonio Flores, María Hidalgo, Mirta Eckerdt y Tomás Rojas.

Debo reconocer también la excelente labor de corrección de los Hermanos John Tyrson, Eladio Ortega, Luis Yompián, Mary Barceló, Eduardo Ciotola, Silvia Tagliaferro, Andrea Fioravanti y José Rubio Sánchez, y el apoyo incondicional de Fabián Chilis y Erica Antúnez.

"Cuando sabes lo que eres, eres también lo que conoces. Entre conocer y ser no hay distancia alguna". (Nisargadatta Maharaj)

Contenido

PRÓLOGO

¡Conócete a ti mismo!

Este es el supremo mandato que ha marcado el rumbo de los buscadores de la Verdad de todos los tiempos desde Pitágoras a Ramana Maharshi, pasando por Paracelso, Jakob Böhme, Giordano Bruno, Ramakrishna y Suzuki. Sin embargo, el antiguo axioma de Delfos iba más allá y prometía: *"Conócete a ti mismo y **conocerás al Universo y a los Dioses"**.*

Solamente a través del autoconocimiento y del despertar de la conciencia es posible alcanzar la Verdad Suprema. Mientras esto no se logre "toda verdad será una semi-verdad" tal como advierte el Kybalión. Y la Verdad fundamental que todos los iniciados han conocido y enseñado es nuestra identidad divina, nuestra condición de "dioses en estado de crisálida", de seres "microcósmicos" hechos a imagen y semejanza del "Macrocosmos". ¡Así como es arriba es abajo!

Al contrario de lo que postulan muchos espiritualistas confundidos, **no somos** un cuerpo que tiene un Alma espiritual, sino un Alma espiritual que se vale de diferentes vehículos para actuar en los diversos planos de manifestación. Este es el tema central de esta obra que hemos titulado "El Castillo Interior".

Este Castillo Interior es, pues, el habitáculo de nuestra Alma espiritual y, tal como enseñó Teresa de Ávila en sus inspiradas obras, este castillo "tiene muchas moradas". A fin de conocernos a nosotros mismos y descubrir nuestro lugar en el universo, es de capital importancia aprender más sobre nuestra constitución interior, prestando atención a nuestras necesidades, al origen de nuestras emociones y a la naturaleza de nuestros pensamientos.

Al analizar cómo funcionan los diferentes vehículos de la conciencia, el estudiante comprenderá la necesidad imperiosa de purificarlos a fin de emprender la senda de reintegración con el Uno. No obstante, para iniciar una empresa de tal magnitud, es condición fundamental el ordenamiento de nuestras ideas y la adopción de una disciplina de trabajo. Para ello, en nuestro programa de estudios utilizamos un esquema de perfeccionamiento interno coherente e integral que denominamos **Ascesis Iniciática**.

Este ambicioso programa de entrenamiento interior puede ser llevado a la práctica por todo tipo de personas, sin distinción de credo, raza, clase social o nacionalidad, porque es de naturaleza universalista y está en consonancia con las tradiciones espirituales más puras de Oriente y Occidente.

En el apéndice de esta obra introductoria, explicaremos algunas prácticas que constituyen el "entrenamiento preliminar", para que el lector pueda llevar la práctica los conocimientos adquiridos y experimentar por sí mismo los beneficios de esta sabiduría antigua.

CAPÍTULO I

La constitución del ser humano

En la actualidad, mientras la ciencia se jacta de conocer al ser humano por haber investigado hasta el último detalle de su estructura física, llegando a descubrir los intrincados secretos del ADN, la religión exotérica –por su parte– se empecina en presentar a sus fieles un deficiente modelo dualista (cuerpo-alma), mal comprendido, peor enseñado y que ha sido origen de múltiples disputas teológicas y filosóficas.

El presente trabajo está dedicado al estudio del Ser Humano desde una perspectiva integral, atendiendo a su constitución interna, sus vehículos y sus manifestaciones, comenzando desde lo conocido (lo material) a lo desconocido (lo espiritual), sin caer en un dualismo maniqueo ni en un materialismo extremo.

Como bien señala el investigador I.K. Taimni: *"Muchas personas educadas y sensatas no conocen ni siquiera los hechos más elementales acerca de su cuerpo, y si se les pregunta a qué lado queda el hígado no pueden precisarlo. Pueden dar información correcta sobre la constitución del Sol y los elementos presentes en él; saben todo lo referente al motor de un automóvil; pero ignoran lo que se refiere al cuerpo físico con el que tienen que trabajar durante toda su existencia en esta tierra. Este es un comentario triste sobre nuestro sistema educacional que nos atiborra la cabeza con toda clase de conocimientos inútiles sobre lo no esencial, y descuida casi por completo las cosas que más importan en la vida".* (1)

El hombre-máquina

"¿No sabéis que sois Templos de Dios, y que el espíritu de Dios mora en vosotros?" (I, Corintios 3:17)

La tradición iniciática sostiene que el ser humano es un microcosmos hecho a imagen y semejanza del Macrocosmos, y que tanto el microcosmos como el Macrocosmos son al mismo tiempo "Unidad" y "Diversidad".

El ser humano es una unidad porque es un individuo ("que no puede ser dividido"), pero a su vez posee una naturaleza de gran complejidad que –desde tiempos inmemoriales– las diferentes filosofías y religiones han intentado descifrar.

Desde una perspectiva puramente materialista, que es defendida por los ateos y los escépticos, el hombre no es otra cosa que una estructura de "carne y huesos", la cual –por medio de complicados procesos químicos– puede pensar, sentir y moverse. Esta concepción mecanicista del ser humano como "máquina" es la que postula la ciencia profana y la industria químico-farmacéutica tradicional. El mecanicismo, que apareció a mediados del siglo XVI, consideraba que todo organismo natural poseía una estructura similar a la de un aparato mecánico, intentando equiparar al ser humano con una especie de robot. Las concepciones mecanicistas cobraron fuerza durante la revolución industrial, cuando todo el universo fue considerado un enorme mecanismo de relojería.

El biólogo Rupert Sheldrake comenta que durante su formación como científico, se le inculcó insistentemente la idea de que *"los organismos biológicos eran en realidad máquinas inanimadas, carentes de todo propósito intrínseco, productos del ciego azar y de la selección natural; [y] toda la naturaleza no era más que un sistema mecánico inanimado"*. (2)

No obstante, *"las únicas máquinas que conocemos son las fabricadas por el hombre. La fabricación de máquinas es una actividad exclusivamente humana, y relativamente reciente. La concepción de Dios en los siglos XVII y XVIII, como diseñador*

y creador de la máquina del mundo, sigue el modelo del hombre
tecnológico, y al considerar todos los aspectos de la naturaleza
como mecánicos, proyectamos sobre el mundo que nos rodea
las tecnologías del presente. En el siglo XVII estaban de moda
las proyecciones hidráulicas y de relojería; las bolas de billar y las
máquinas de vapor pasaron al frente como metáforas en el siglo
XIX, y hoy en día lo han hecho los ordenadores y las tecnologías
de la información". (3)

A principios del siglo XX, la analogía del ser humano y la
máquina dio paso a otra concepción de características similares:
en los tiempos de Henry Ford y su proceso de producción en
cadena, el cuerpo humano pasó a ser visto como una fábrica,
controlada por hombrecitos en miniatura que controlaban todos
los mecanismos internos como si se tratase de una industria.
Con la ayuda de los medios de difusión masiva, esta idea atrapó
la imaginación del hombre corriente, que –casi sin darse cuenta– pasó a identificarse a sí mismo como una máquina que debe
encenderse en la mañana, funcionar (y producir) durante el día,
cargar combustible, para finalmente apagarse en la noche.

Con la aparición de las computadoras, se dejó a un lado la
terminología industrial y tecnológica clásica para comenzar a
trazar paralelismos entre la CPU (unidad de procesamiento central) y el cerebro humano, utilizando la nomenclatura informáti-
ca de "hardware" y "software".

El mecanicismo materialista alcanzó su mayor expresión con
la obra "El gen egoísta" de Richard Dawkins donde este autor describió al ser humano simplemente como una máquina
egoísta. Dawkins se atrevió a declarar en sus escritos: *"Somos*
máquinas de supervivencia, vehículos autómatas programados a
ciegas con el fin de preservar las egoístas moléculas conocidas
con el nombre de genes", considerando al cuerpo humano *"una*
máquina ciegamente programada por sus genes egoístas". (4)

La medicina moderna masificada y deshumanizada, por su
parte, fue influida rápidamente por las ideas mecanicistas y materialistas, pasando a considerar al paciente como un objeto que

puede medirse, pesarse y cuantificarse. Esta concepción se vio reforzada con los importantes avances científicos en el trasplante de algunos órganos y con la colocación de corazones artificiales.

Como contraposición a este modelo mecanicista-cartesiano profundamente materialista, el modelo oriental postulado por el taoísmo y la medicina tradicional china, por ejemplo, presenta al cuerpo humano como un jardín o un ecosistema en miniatura. Esta idea está totalmente en consonancia con la idea tradicional del ser humano como un microcosmos hecho a imagen y semejanza de un Macrocosmos.

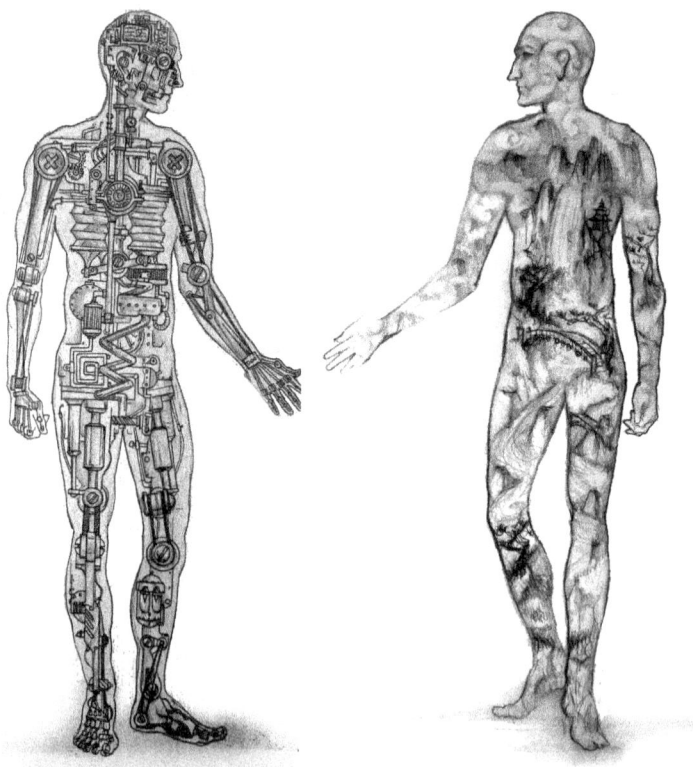

¿Una máquina o un jardín?

Mientras que la medicina y la filosofía occidental se afanan en buscar comparaciones y analogías surgidas del mundo humano (máquinas, fábricas, computadoras) –lo cual evidencia un marcado antropocentrismo– en la medicina y la filosofía de Oriente se trata de establecer correspondencias con el mundo natural, usando metáforas tomadas de la propia naturaleza.

El pensamiento materialista de los modernos responde al axioma de los sofistas: *"El hombre es la medida de todas las cosas"*, mientras que la concepción trascendental de la filosofía iniciática parte de la base que: *"Dios es la medida de todas las cosas"*, o bien: *"El Tao es la medida todas las cosas"*.

Lo más triste del mecanicismo radical no es su consideración del cuerpo físico como una máquina sino su conclusión de que la existencia humana está limitada a un cuerpo de carne, huesos y fluidos, descartando de plano la existencia de un Alma espiritual o de una contraparte metafísica más allá de la materia. René Guénon analizó este tema y concluyó que *"el mecanicismo [cartesiano] preparó directamente el camino del materialismo que, de forma hasta cierto punto irremediable, se iba a encargar de señalar la completa reducción del horizonte mental al mero ámbito corpóreo, considerado en lo sucesivo como la única «realidad», quedando asimismo despojado de todo cuanto no podía ser considerado como puramente «material»".* (5) La ciencia profana, entonces, *"que siempre había sido mecanicista a partir de Descartes, (…) desde la segunda mitad del siglo XVIII iba a hacerse más específicamente materialista"* (6), con un ser humano "moderno" obsesionado por el supuesto progreso y la tecnología, que finalmente "mecanizaba" al universo para después "mecanizarse" a sí mismo.

Dicotomitas y tricotomitas

Quienes consideran que el ser humano es algo más que el cuerpo físico, suelen establecer –en primera instancia– una distinción entre un "cuerpo" (corruptible y pasajero) y un "Alma espiritual" (incorruptible y trascendente). Esta postura básica considera que tras la muerte, el Alma espiritual abandona el cuerpo y se dirige al cielo, el paraíso u otro emplazamiento metafísico. Esta postura que habla de una oposición cuerpo-Alma recibe el nombre de "dicotomita".

El cristianismo tradicional, sin embargo, siempre ha enseñado que el hombre posee una naturaleza triple: Cuerpo (Soma), Alma (Psique) y Espíritu (Pneuma). Esta posición –conocida como "tricotomita"– se fundamenta en algunos pasajes bíblicos donde se hace referencia a esta constitución triple:

"Y el mismo Dios de paz os santifique por completo; y todo vuestro ser, espíritu, Alma y cuerpo, sea guardado irreprensible para la venida de nuestro Señor Jesucristo." (I, Tesalonicenses 5:23)

"Porque la palabra de Dios es viva y eficaz, y más cortante que toda espada de dos filos; y penetra hasta partir el alma y el espíritu, las coyunturas y los tuétanos, y discierne los pensamientos y las intenciones del corazón." (Hebreos 4:12)

No obstante, la mayoría de los cristianos confunden con frecuencia al "Alma" y el "Espíritu", recurriendo inconscientemente a la concepción dicotómica del "cuerpo y Alma". (7)

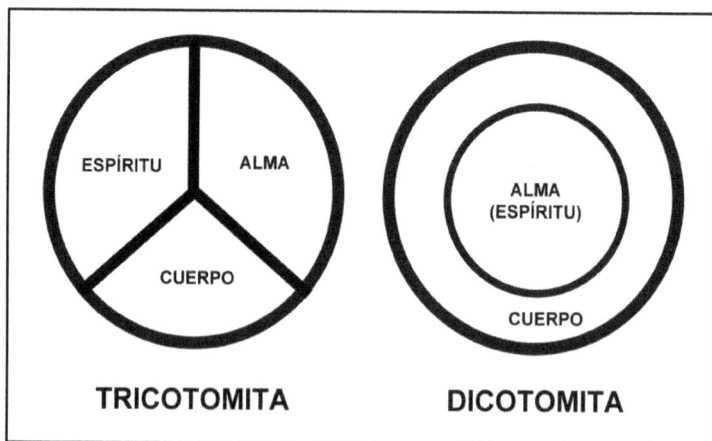

ESPÍRITU ALMA

CUERPO

TRICOTOMITA

ALMA
(ESPÍRITU)

CUERPO

DICOTOMITA

Los cinco koshas

En Oriente existe la concepción vedantina de los "koshas" (envolturas), tomadas de los Upanishads, que describe cinco coberturas que "envuelven" a la "chispa divina" o Atman como si se trataran de capas de una cebolla. Dicho de otro modo, se puede hablar del Alma Espiritual aprisionada en una quíntuple envoltura.

Estos "koshas" o vehículos son:

1) Annamaya-kosha (envoltura corpórea o física).

2) Pranamaya-kosha (envoltura vital o pránica).

3) Manomaya-kosha (envoltura mental, que recibe impresiones sensoriales y que está relacionada además con las emociones, la memoria y los instintos).

4) Vijnanamaya-kosha (envoltura intelectual, con las facultades de discriminación y voluntad).

5) Anandamaya-kosha (envoltura de beatitud, asociada a las experiencias de felicidad y autorrealización).

En esta clasificación, el Atman (chispa divina) permanece separado de sus cinco envolturas.

Curiosamente, en la tradición occidental, Santa Teresa se expresa en términos similares al representar al ser humano con un castillo diamantino. Según esta alegoría cristiana, en el centro de la fortaleza mora la divinidad, estableciendo una interesante comparación entre esta construcción concéntrica con un palmito, que contiene lo más apetecible y tierno en su centro: *"Poned los ojos en el centro, que es la pieza o palacio adonde está el Rey, y considerad como un palmito, que para llegar a lo que es de comer tiene muchas coberturas que todo lo sabroso cercan..."* (8)

La constitución septenaria

"Dividimos al hombre en siete principios, pero esto no significa que él tiene, como si fuera, siete pieles, o entidades, o almas. És- tos son todos aspectos de un Principio, e incluso éste es solo el rayo temporal y periódico de la Llama o Fuego Único, infinito y eterno". (Helena Blavatsky, "Diálogos")

En la tradición teosófica se hace referencia a una naturaleza humana compleja, con "siete cuerpos" o, más bien, a una cons- titución septenaria con siete vehículos de conciencia que sirven al verdadero "Yo" para manifestarse en los diversos planos. En primera instancia, la investigadora Helena Blavatsky aceptaba una base trinitaria para esta concepción, aseverando que: *"aun- que para más clara comprensión de su naturaleza trina (en líneas generales) se divida el hombre en grupos cuyo número varía se- gún el sistema, siempre resultan idénticas la base y la cúspide de esta división. En el hombre sólo hay tres upâdhis (bases); pero sobre ellas puede considerarse, cualquier número de koshas (en- volturas) y aspectos, sin menoscabo de la armonía del conjunto. Así es que mientras el sistema esotérico acepta la división sep- tenaria, el vedantino admite sólo cinco koshas, y el Taraka Râja Yoga los reduce a cuatro, que son los tres upâdhis, sintetizados en Âtmâ o principio supremo".* (9)

¿Por qué siete? En primer lugar debemos tener en cuenta que esta clasificación de los vehículos del ser humano es subjetiva pues depende del punto de vista del observador.

Decimos esto porque muchas veces se dan interminables discusiones teóricas sin sentido sobre la nomenclatura y la clasi- ficación de los cuerpos, que no son verdaderamente útiles y que nos distraen de lo verdaderamente importante: su valor práctico.

Tradicionalmente se acepta el número siete para clasificar la constitución humana porque es el número de la armonía de la Naturaleza, el regulador de las vibraciones (ejemplo: las siete notas musicales, los siete colores del arco iris, etc) y el hombre –al ser considerado una unidad armónica– se interpreta, simbó- licamente, como una realidad séptuple.

Como bien dice el indio I.K. Taimni: *"Al estudiar al hombre y su constitución tan compleja, por conveniencia podemos dividirlo en diferentes componentes; pero esto no debe dar la impresión de que en él existen diferentes entidades que operan en él, unas dentro de otras. La conciencia que funciona por medio de un juego completo de vehículos, es indivisible"*. (10)

Teniendo en cuenta lo dicho anteriormente, debemos tener en claro que la constitución septenaria enseñada por la filosofía esotérica es, más que nada, un esquema pedagógico, un **mapa**, que no contradice otros existentes sino que trata de comprender al hombre interrelacionando tres cosas: la naturaleza profunda del ser humano, la simbología tradicional (el 4 relacionado con la "Tierra" y el "3" con el cielo) y la técnica de trabajo iniciático fundamentada en los cuatro elementos más un "quinto elemento" o "quintaesencia". Existen esquemas más complicados y otras versiones de este mismo esquema septenario que en su complejidad suelen perderse en nomenclaturas abtrusas y abstracciones imprácticas. Es importante saber esto. No obstante, deseamos subrayar la innegable aplicación práctica de la versión que presentamos en estos escritos, ya que permite una fácil comprensión de la naturaleza humana y la incorporación de herramientas fácilmente aplicables por cualquier estudiante que prefiera dejar las teorías y las discusiones vanas para dedicarse a trabajar disciplinadamente **aquí y ahora.**

En la constitución septenaria del ser humano suele diferenciarse un "cuaternario inferior" (material, mortal, relacionado con la Madre Tierra y los cuatro elementos) y una "Tríada Superior" (espiritual, inmortal, vinculado al Padre Cielo y al quinto elemento).

Las siete "partes" que constituyen este "hombre septenario" son:

1) Cuerpo étero-físico, con una parte física (sólidos, líquidos, gaseosos) y una parte etérica (con cuatro éteres que estudiaremos más adelante).

2) Cuerpo pránico, energético o vital, que es quien anima e insufla vida al cuerpo físico, unido a éste a través de un hilo etéreo conocido generalmente como "cordón de plata". Este vehículo de energía –compuesto de prana (ki)– contiene un conjunto de canales de naturaleza sutil (llamados también "nadis" o "meridianos") que recorren toda su superficie y que son usados conscientemente por algunas de las formas terapéuticas tradicionales como la acupuntura, homeopatía, shiatsu, etc.

3) Cuerpo emocional o astral, que es el asiento en el que se manifiestan las pasiones, las emociones y los sentimientos, desde los más sublimes a los más egoístas. Mediante técnicas avanzadas, es posible lograr una separación consciente del cuerpo emocional mediante la llamada "proyección astral", aunque vale la pena aclarar que durante el sueño todos nos desdoblamos astralmente en forma inconsciente.

4) Cuerpo mental inferior o kama-manas ("kama", deseo y "manas", mente), el vehículo donde residen nuestros pensamientos teñidos de deseo. En este cuerpo se interpretan las sensaciones provenientes de nuestro entorno, a fin de convertirlas en percepciones, las cuales son combinadas y almacenadas en nuestra memoria. Esta es la mente egoísta al servicio de las necesidades (reales o ilusorias) del "yo inferior".

5) Manas (Mente superior), el canal orgánico para el pensamiento abstracto y a través del cual se pueden tener reminiscencias o recuerdos de anteriores encarnaciones.

6) Buddhi (Cuerpo intuicional), la inteligencia más allá del intelecto y la comprensión a través de la intuición.

7) Atma (Voluntad pura), que es la parte más elevada de nuestro Ser y de la misma naturaleza del Absoluto, por eso también suele denominarse "Dios en nosotros".

El "cuaternario inferior" y la "Tríada superior" están unidos por un canal, un pasaje de la Tierra al Cielo, que liga lo material a lo espiritual, conocido como "antakarana".

La tarea fundamental de todo peregrino espiritual consiste en la purificación de sus vehículos más densos y en la construcción de ese puente alegórico (antakarana), a fin de cruzar hacia "el otro lado" para alcanzar la autorrealización, comprendiendo íntimamente una realidad trascendente que a menudo se simboliza con un templo sagrado, el "Sancta Sanctorum" o el Santuario del Ser.

Es importante señalar que cada uno de los vehículos posee sentidos de percepción adecuados para expresar una clase de conciencia específica en cada plano, y cada uno de ellos es necesario para que podamos desarrollarnos y alcanzar la plenitud.

A propósito de esto, dice Krishnamurti en su obra "A los pies del Maestro":

"No confundáis con vosotros mismos ni vuestro cuerpo físico, ni vuestro cuerpo astral, ni vuestro cuerpo mental, porque cada uno de ellos pretenderá ser el Yo, a fin de obtener lo que desea. Debéis conocerlos todos y reconoceros por su dueño.

»Cuando se ha de hacer un trabajo, el cuerpo físico quiere descansar, pasear, comer y beber; y el ignorante se dice a sí mismo: «Yo quiero hacer estas cosas y debo hacerlas.» Pero el sabio dice: «Lo que en mí desea no soy yo, y puede esperar.» A menudo, cuando se presenta alguna oportunidad para ayudar a alguien, el cuerpo incita a pensar: «¡Qué molestia me causa esto! Dejemos que otro lo haga.» Pero el hombre le replica a su cuerpo: «Tú no me estorbarás para practicar el bien.»

»El cuerpo es nuestro animal, el caballo en que cabalgamos. Por lo tanto, debéis tratarlo y cuidarlo bien; no debéis fatigarlo; debéis alimentarlo tan sólo con comidas y bebidas puras, y llevarlo escrupulosamente limpio de la más leve mancha. Porque sin un cuerpo perfectamente limpio y sano no podríais llevar a cabo el arduo trabajo de preparación, ni podríais soportar el esfuerzo incesante. Pero vosotros debéis gobernar constantemente al cuerpo, nunca el cuerpo a vosotros.

»El cuerpo astral tiene sus deseos a docenas; él os inclina a la

cólera, a la injuria, a la envidia, a la avaricia, a codiciar los bienes ajenos, a sumiros en la depresión. *El cuerpo astral quiere todas estas cosas y muchas más, no porque desee perjudicaros, sino porque le gustan las vibraciones intensas, así como el cambio constante de ellas. Mas vosotros no necesitáis estas cosas, y por esto debéis saber distinguir entre vuestros deseos y los de vuestro cuerpo.*

»Nuestro cuerpo mental desea pensar orgullosamente que es algo separado de lo demás; piensa dándose mucho valor a sí mismo y poco a los otros. Aun cuando lo hayáis apartado de las cosas mundanas, persiste en especular sobre sí mismo, en incitaros a pensar en vuestros propios progresos, en vez de pensar en la labor de los Maestros y en ayudar a los demás. Cuando meditéis, tratará de haceros pensar en las diferentes cosas que él desea, en vez de pensar en lo que vosotros queréis. Vosotros no sois esta mente, sino que ella está a vuestro servicio, y así también en este caso es necesario el discernimiento. Debéis vigilar constantemente, so pena de fracaso". (11)

TABLA DE CORRESPONDENCIAS

Tradicional	Traducción	Septenaria
Soma	Cuerpo	Cuerpo físico
		Cuerpo vital o pránico
Psique	Alma animal	Cuerpo emocional
		Mente de deseos
Pneuma	Alma espiritual (o Espíritu)	Mente superior
		Cuerpo intuicional
		Voluntad pura

CAPÍTULO II

El cuerpo físico

El cuerpo físico o denso es el vehículo necesario para la manifestación humana en el plano material, el más evidente para el hombre común y el más estudiado por la ciencia profana.

Según las concepciones teosófico-orientales, el plano físico contiene siete subplanos y el vehículo denso se compone de materia de todos esos estados. El cuerpo físico visible (en sánscrito "sthula sharira"), posee materia de los tres subplanos inferiores, esto es: sólida, líquida y gaseosa; en tanto que la materia de los otros cuatro subplanos conforman su contraparte etérica, como veremos más adelante. Ambas partes (la física visible y la etérica invisible) funcionan juntas e interrelacionadas en el plano físico durante la existencia terrenal y comienzan a descomponerse cuando llega la muerte física.

El cuerpo es un instrumento vivo y no una simple máquina (como sostiene el mecanicismo extremo). Posee sus propias tendencias definidas y sus respuestas frente a las diferentes circunstancias que influyen sobre él. Como cualquier instrumento que necesitamos para cualquier clase de trabajo, el cuerpo debe conservarse de la mejor manera y cuidarse adecuadamente de modo que pueda cumplir sus funciones específicas con la máxima eficacia.

Si queremos dominar y entrenar el cuerpo para un propósito más alto, debemos primero comprender sus necesidades y conocer lo mejor posible su organización interna. Para ello, necesitamos tener una idea general de su constitución y funcionamiento interno, para lo cual recomendamos al lector que consulte algún texto básico de fisiología para hacerse una idea más acabada de los sistemas que forman parte de su organismo y para determinar la ubicación exacta de los diversos órganos.

El conocimiento de esta estructura interna del cuerpo y su

capacidad de funcionamiento nos permite objetivarlo más fácilmente, captándolo como algo diferente a nosotros mismos, para darnos cuenta que no es otra cosa que un vehículo valioso que nos permite actuar en el plano más denso.

De acuerdo con Annie Besant: *"El cuerpo es un instrumento que debe ser refinado, mejorado, educado, modelado para que se convierta en un medio adecuado para cumplir los fines superiores del hombre en el plano físico. Todo lo que conduzca a este propósito debe practicarse y fomentarse; todo lo que sea contrario a él, debe eludirse. No importan las propensiones que el cuerpo pueda tener ni las costumbres que haya contraído en el pasado; el cuerpo es nuestro, es nuestro servidor para emplearlo como queramos; desde el momento en que tome la dirección y pretenda guiar al hombre en lugar de ser guiado, todo el objeto de la vida queda invertido, y toda clase de progreso se hace absolutamente imposible.*

»Este es el punto de donde tiene que partir toda persona que tenga un verdadero interés por la Sabiduría Antigua. La naturaleza misma del cuerpo físico hace que se le pueda convertir fácilmente en servidor e instrumento. Tiene ciertas particularidades que nos ayudan a educarlo, y que le hacen relativamente fácil de dirigir y formar; una de ellas es que una vez acostumbrado a obrar de cierto modo, sigue voluntariamente por la misma senda, encontrándose tan feliz en ella, como cuando seguía una línea de conducta distinta. Si se ha adquirido una mala costumbre, el cuerpo se resistirá de un modo notable a cambiarla; pero si se le obliga a ello, si se vence el obstáculo que pone y se le fuerza a obrar con arreglo a la voluntad, entonces, al poco tiempo, el cuerpo, por acuerdo propio, repetirá la nueva costumbre que el hombre le ha impuesto, y seguirá el nuevo método con tanta satisfacción como lo hacía con el anterior". (1)

Una combinación de sustancias

Si nos centramos en su aspecto químico, el 99% de la masa del cuerpo físico está formada por tan sólo seis elementos: oxígeno, carbono, hidrógeno, nitrógeno, calcio y fósforo, y el 1% restante se conforma por otros elementos que son identificados en pequeñísimas proporciones.

Norman Pearson habla de esta constitución química que puede ser analizada en los laboratorios científicos y la presenta de un modo muy pintoresco, asegurando que el cuerpo físico contiene:

"Azúcar suficiente para endulzar cien tazas de café.
Cal suficiente para dar lechada a un gallinero pequeño.
Hierro suficiente para hacer un clavo de 2,5 cm de largo.
Magnesio suficiente para media docena de fotografías instantáneas.
Potasio suficiente para hacer explotar un cañón de juguete.
Azufre suficiente para librar de pulgas a un perro.
Fósforo suficiente para hacer una docena de barras de jabón.
Cobre suficiente para igualar a una moneda de un centavo muy usada.
Agua suficiente para bañar a un niñito". (2)

Entonces, es lícito preguntarnos: ¿el ser humano es tan sólo un conjunto de elementos químicos? Para los materialistas sí, e intentan explicar la vida mediante impulsos electroquímicos, argumentando que las causas de las emociones y los pensamientos pueden hallarse en el propio cuerpo físico.

Pero si pasamos a observar este cuerpo físico de carnes, huesos y fluidos que parece tan sólido desde una perspectiva atómica, todos los argumentos materialistas se derrumban.

Las experiencias de Ernest Rutherford demostraron que el átomo es mayormente un espacio vacío y según sostienen los modernos físicos: *"A semejanza del sistema solar, el átomo consiste principalmente en espacio vacío en el que los electrones pasan zumbando. El diámetro de un átomo, en general, es 10000 veces mayor que el diámetro del núcleo. Como los átomos son principalmente espacio vacío, nosotros y todos los materiales que nos rodean también son espacio vacío".* (3)

Dicho de otro modo: el átomo es un 99,9999999 % de vacío, por lo cual si quitáramos todo ese espacio vacío a la totalidad de la población del planeta, ésta cabría en una cuchara de té (!). (4)

Cuidados del cuerpo físico

Para que el cuerpo físico se convierta en un aliado y no un obstáculo para nuestro desarrollo espiritual, debemos cuidarlo y atenderlo con dedicación, sin dejar de lado ninguno de los siguientes aspectos:

1) Respiración adecuada.

2) Alimentación adecuada.

3) Eliminación de hábitos nocivos.

4) Higiene corporal.

5) Ejercicio físico.

6) Reposo adecuado.

7) Actitud positiva.

8) Stress manejable.

9) Entorno agradable y armónico.

Aunque varios de estos puntos no están relacionados exclusivamente con el cuerpo etero-físico sino también con otros vehículos más sutiles, es evidente que sus derivaciones repercuten en nuestro organismo denso, pues la estabilidad del mismo depende mayormente de causas originadas en los planos invisibles, como veremos a lo largo de este estudio.

La filosofía esotérica afirma que la salud y el equilibrio del cuerpo físico dependen fundamentalmente del cuerpo vital o pránico, que es donde se manifiestan primariamente las enfermedades. Este vehículo sutil se nutre de "prana", "chi" o energía vital que recibe a través de los elementos celestes provenientes del "Padre Cielo" (respiración y radiaciones solares) y de los elementos terrestres originarios de la "Madre Tierra" (alimentos y bebidas). Los malos hábitos "físicos" como el tabaquismo, el sedentarismo, la drogadicción y el alcoholismo deterioran primero el cuerpo vital y más tarde perjudican el vehículo físico. Otros hábitos altamente nocivos como la ludopatía o la obsesión sexual, por ejemplo, contaminan primero el cuerpo emocional, pasando luego al vital y finalmente al físico.

En verdad, el único punto de la lista anterior relacionado exclusivamente con el cuerpo denso es el referido a la higiene corporal, mientras que el ejercicio físico y el reposo adecuado están vinculados tanto al cuerpo físico como al cuerpo vital.

El control del stress, la actitud positiva y el entorno agradable y armónico, están ligadas al cuerpo emocional aunque influyen poderosamente en la estabilidad y el equilibrio etero-físico.

La contemplación de estos nueve aspectos anteriormente señalados y la adopción de una forma de vida saludable son determinantes para lograr la armonía y el equilibrio de nuestro vehículo más denso. El descuido del cuerpo físico con la excusa de "llevar una vida espiritual" es una insensatez que sólo puede ser esgrimida por aquellos que prefieren vivir en las nubes antes que prestar atención a su existencia aquí y ahora.

Las necesidades humanas

Abraham Maslow fue un renombrado psicólogo estadounidense que estudió con detenimiento las necesidades del hombre y la relación existente entre ellas. Su teoría se basa en que ciertas necesidades prevalecen sobre otras. Por ejemplo, si una persona está hambrienta o sedienta, tenderá a calmar su sed antes que dedicarse a comer. En este sentido, la sed es una necesidad "más fuerte" que el hambre, mientras que es "más débil" que la necesidad de respirar.

Maslow desarrolló esta idea, creando una jerarquía de necesidades, y estableciendo cinco grandes bloques en este orden: las necesidades fisiológicas, necesidades de seguridad y reaseguramiento, la necesidad de amor y pertenencia, necesidad de estima y la necesidad de autorrealización.

1) Las necesidades fisiológicas. Estas incluyen nuestras necesidades de oxígeno, agua, proteínas, sal, azúcar, calcio, otros minerales y vitaminas. También se incluye aquí la necesidad de mantener el equilibrio del pH y de la temperatura. Otras necesidades que debemos incluir en este lugar son aquellas que están dirigidas a mantenernos activos, a dormir, a descansar, a eliminar deshechos, a evitar el dolor, a abrigarnos, etc.

2) Las necesidades de seguridad y reaseguramiento para consolidar los logros adquiridos. Cuando las necesidades fisiológicas se mantienen compensadas, el ser humano pasará entonces a darle prioridad a su seguridad, su salud y su estabilidad. También se desarrolla la necesidad de establecer ciertos límites y del orden como una forma de protegerse ante lo desconocido y al temor de perder el control.

Estas inquietudes también están ligadas a nuestros miedos y nuestras ansiedades. Este grupo de necesidades puede representarse en la urgencia por hallar una casa en un lugar seguro, estabilidad laboral, un buen plan de jubilación, un buen seguro de vida, etc.

3) Las necesidades de amor y de pertenencia. Cuando las prioridades fisiológicas y de seguridad están aseguradas, entran en escena otras prioridades. Éstas se manifiestan como necesidad de amistad, de pareja, de niños y relaciones afectivas en general, incluyendo el sentimiento de pertenencia a una comunidad. Esto hace que el hombre pueda volverse exageradamente susceptible tanto a la soledad como a las ansiedades de la interacción social.

En la vida cotidiana, se exhiben estas necesidades en los deseos de unión (matrimonio), de tener familia, de ser parte de un colectivo, integrar una iglesia, una hermandad o pertenecer a un club social.

4) Las necesidades de estima. A las necesidades de amor y de pertenencia le sigue una necesidad de reconocimiento y de estima. Maslow describe dos tipos diferentes de esta necesidad de estima, una baja y otra alta. La baja se refiere la del respeto de los demás, la necesidad de estatus, fama, gloria, reconocimiento, atención, reputación, apreciación, dignidad e incluso dominio. La alta comprende las necesidades de respeto por uno mismo, incluyendo sentimientos tales como confianza, competencia, logros, superación de pruebas y desafíos, independencia y libertad. El descuido de estas necesidades puede derivar en una baja autoestima y complejos de inferioridad, generando varios tipos de traumas psicológicos.

De acuerdo con Maslow, todas estas necesidades son esencialmente vitales, postulando que incluso el amor y la estima son indispensables para el mantenimiento de la salud.

En términos de desarrollo general, el hombre se mueve a través de estos niveles como si fueran estados o grados. Al nacer, la atención se centra en lo fisiológico, pero casi inmediatamente, el bebé siente la necesidad de estar protegido. Poco tiempo después, se comienza a buscar la atención y el afecto, y más adelante la autoestima. Bajo condiciones de stress o cuando la supervivencia está amenazada, es posible "regresar" a un nivel de necesidad menor.

El último nivel que plantea Maslow es un poco diferente y se han utilizado una gran variedad de términos para referirse al mismo: motivación de crecimiento, necesidades de ser, auto-actualización o autorrealización. Estas necesidades están ligadas al descubrimiento de nuestro **propósito en la vida**, nuestro Dharma. En verdad, podemos hacer miles de cosas agradables e inspiradoras pero mientras no descubramos nuestra misión, es decir nuestra verdadera vocación trascendente, no lograremos estar satisfechos ni completos.

Así puede entenderse ese "vacío existencial" que sienten muchos seres humanos, que nacen, viven y mueren sin entender qué es lo que realmente están haciendo en este planeta.

"Hazte lo que eres" recomendaban los orientales. Y en la medida que el ser humano obedezca a esos impulsos de trascendencia, optando por seguir un camino que lo lleve a la autorrealización, podrá dejar atrás la vida mediocre y conformista que ofrece el mundo profano, accediendo así a una vida más plena, más consciente, más luminosa, pletórica de desafíos y aventuras, la misma que nos ofrece la Tradición Iniciática.

Cuento: El águila y las gallinas

Sobrevolando un gallinero, un águila dejó caer uno de sus huevos, del que un tiempo después nació un aguilucho. El aguilucho fue muy bien recibido y aceptado por las gallinas y jugaba con los pollitos. Aprendió a caminar, comer, jugar y hablar como una de sus compañeras y estaba convencida de ser una gallina.

Así pasaron muchos meses. La rapaz formaba parte del gallinero y en nada desentonaba del comportamiento de las gallinas, aunque fuera tan diferente a ellas en su forma. Pero un día cruzó por el despejado e inmenso firmamento una bandada de águilas. El águila-gallina se quedó admirada por el vuelo de aquellas poderosas aves. Algo muy intenso se removió en lo más profundo de ella y trató de volar. Ante su propia sorpresa, pudo remontar hábilmente el vuelo hacia el horizonte.

Entonces, de pronto, descubrió que era un águila y se sintió llena de gozo y de vitalidad, lanzándose a volar y surcando los espacios ilimitados. (5)

CAPÍTULO III

Los sentidos

En este capítulo brindaremos los elementos fundamentales para comprender la sensación y la percepción, haciendo un breve análisis de los cinco sentidos y destacando sus limitaciones como única fuente de conocimiento.

El proceso de recepción de impresiones externas se llama "sensación", y consiste en detectar estímulos del medio ambiente para codificarlos en señales de tipo nervioso que llegan hasta el cerebro, el cual actúa como puente entre el cuerpo físico y los vehículos sutiles.

La sensación procede de los órganos de nuestros cinco sentidos, que detectan diferentes tipos de estímulos. La selección, organización e interpretación de esas sensaciones en base a la experiencia y los recuerdos previos se llama "percepción".

La vista

La vista es el sentido que nos permite convertir la energía luminosa en imágenes, mediante la información electromagnética que reciben nuestros ojos, la cual es interpretada como "color" por el cerebro. Este punto es muy importante porque deja en evidencia que los colores no son otra cosa que construcciones de nuestra mente y que simplemente se trata la captación e interpretación de distintas medidas del espectro de luz.

El estímulo específico del órgano de la visión es la luz, y el campo receptor en el órgano es la retina.

Sabemos que la capacidad de nuestra vista es limitada y que existe una enorme gama de colores que no podemos percibir, que van desde el infrarrojo al ultravioleta, que sí son detectados por otros animales. La serpiente cascabel –por ejemplo– puede "ver el calor" del infrarrojo en la oscuridad y guiado por él ataca a sus presas, que son homeotermas, o sea de sangre caliente. Muchos insectos, por su parte, pueden percibir el ultravioleta.

Nosotros captamos tres colores primarios (rojo, azul y verde) que son los que podemos distinguir con unas células oculares que se llaman "conos" y con los que componemos el resto de los tonos. Los tres tipos de "conos" detectan los "rojos" (longitudes de onda entre 700-600 nanómetros), los "verdes" (longitudes de onda entre 550 nanómetros) y los "azules" (longitudes de onda entre 450-400 nanómetros).

El nanómetro es la unidad de longitud que es igual a una milmillonésima parte de un metro y es usada generalmente para medir longitudes de onda.

Mientras que los "conos" captan las frecuencias electromagnéticas que nos ayudan a percibir los colores, existen otras células fotorreceptoras que se denominan "bastones" y que responden a las intensidades de la luz, permitiéndonos ver en la noche aún con poca luminosidad.

Existen diferentes tipos de conos en el reino animal, y por esta razón los animales perciben el mundo de forma distinta según la presencia de este tipo de células fotorreceptoras en su retina:

a) Tetracromáticos: cuatro o más conos (algunas aves, reptiles, peces y arácnidos).

b) Tricromáticos: tres tipos de conos (el ser humano y la mayoría de los primates).

c) Dicromáticos: dos tipos de conos (el perro y la mayoría de los animales).

d) Monocromáticos: un tipo de cono (el mapache, la salamandra, etc.).

En ocasiones, nuestras percepciones no se corresponden exactamente con lo que estamos observando. Estos fenómenos de ilusión que nos llevan a percibir la realidad física erróneamente, reciben el nombre de "ilusiones ópticas". Muchas de ellas no tienen una explicación clara en el marco de la fisiología o de la psicología, lo cual demuestra la complejidad de la percepción visual.

La filosofía esotérica enseña que vivimos en un mundo ilusorio o "Maya", y que las percepciones visuales son las más engañadoras de todas porque nos llevan a creer que lo que estamos observando es **la** realidad, cuando estamos captando simplemente una porción mínima de esa realidad (la punta del iceberg).

Darse cuenta de esta situación y lograr ver "más allá de lo evidente" son los primeros pasos para vencer a Maya, quitándonos las telarañas de los ojos y despertando a la realidad, siguiendo el camino del prisionero de la caverna platónica que logró escapar de las sombras para descubrir la realidad.

Taimni reflexiona: *"Pensamos que vemos los objetos sólidos tangibles, con forma, color, dureza, etc., que nos rodean, pero ¿qué son ellos? Sólo átomos y moléculas que son prácticamente espacio vacío con algunos pocos puntos moviéndose a velocidades inimaginables y sumamente separados entre sí".* (1)

Por lo antes expuesto, la frase preferida por los positivistas: "ver para creer", centrada en el conocimiento sensorial, es una falacia que hace tiempo ha sido superada pero que aún es perpetuada por los materialistas obstinados, sabiendo que *"una mentira repetida mil veces termina convirtiéndose en verdad".* (2)

Nos hemos vuelto tan dependientes del sentido de la vista que si por alguna razón en particular nos vemos privados de él, nuestra primera reacción será de desorientación y desesperación.

Cuando queremos concentrarnos en un sonido, un aroma o un gusto, lo primero que hacemos habitualmente es cerrar los ojos, que los estímulos visuales suelen ser una fuente de distracción. En este sentido, podemos referirnos a los enamorados que cierran los ojos al besarse o que apagan la luz para hacer el amor. ¿Por qué? Ackerman sugiere que *"los amantes cierran los ojos cuando se besan porque si no lo hicieran serían muchas las distracciones visuales a notar y a analizar: el súbito primer plano de las pestañas y del cabello del otro, el papel de la pared, el mostrador del reloj de pie, las partículas de polvo en suspensión en un rayo de sol. Los amantes quieran tocarse con seriedad sin que nada los perturbe. Así, cierran los ojos, como si pidiesen a dos queridos familiares que los dejaran a solas".* (3)

En las prácticas introspectivas de concentración o meditación es necesario el "bloqueo" de los sentidos para poder completar las prácticas sin interferencias: la vista cerrando los ojos, el olfato mediante el uso de sahumerios y de un aroma monótono, el oído con tapones o con música que no distraiga, el tacto con una postura cómoda y el gusto manteniendo la boca cerrada y la lengua relajada.

Cuento: La serpiente que no estaba ahí

Un magistrado estaba muy satisfecho de su secretario, y para recompensarle decidió invitarle a cenar un día a su casa. Después de la exquisita cena, el magistrado le ofreció una copa de licor a su eficiente secretario.

Un arco que pendía de una de las paredes se reflejaba en la copa y el secretario creyó ver una serpiente dentro de la misma, pero como no podía permitirse desairar al magistrado, sacando fuerzas de flaqueza, aunque aterrorizado, se bebió el contenido de la copa. Después se fue a su casa y pasó una noche terrible. Empezó a sentir a la serpiente mordiéndole las entrañas y, aunque ingirió varios medicamentos, no pudo superar el dolor que le afligía.

Transcurrieron los días. El secretario se sentía muy enfermo. El magistrado, extrañado por su ausencia, acudió a visitarle a su casa.

—Pero ¿qué le ocurre, amigo mío? –preguntó el magistrado–. ¿Qué enfermedad padece?

—Debo serle sincero, señoría –dijo el secretario, apenado–. No sé si se trata de la serpiente que me tragué al beber la copa de licor y que no logro evacuar, o simplemente del terror que sentí al tragármela. Pero el caso es, señoría, que no dejan de presentarse los terribles dolores de estómago y las náuseas.

El magistrado, extrañado, regresó a su casa y se puso a reflexionar. De repente la luz se hizo en su mente. ¡Eureka! Hizo llamar urgentemente a su secretario y, como hiciera días atrás, le ofreció una copa de licor. De nuevo el arco se reflejaba en la misma y el secretario, viendo otra vez una serpiente dentro de la copa, retrocedió espantado.

El magistrado le explicó: –Sólo es el reflejo del arco que hay detrás de usted, colgado en la pared. Ya ve, mi eficiente secretario, que su mente le ha jugado una muy mala pasada.

Unas horas después el secretario había recuperado el buen color de tez, el sentido del humor y la salud.

En el escenario de la mente, por enfoques incorrectos y percepciones erróneas, podemos asistir al más amargo de los dramas. Debemos cuidar la mente como a la más hermosa de las orquídeas. La mente engendra confusión o claridad según nos apliquemos o no a su purificación y ejercitamiento. (4)

El oído

El oído es el órgano que permite la audición, convirtiendo las ondas sonoras en actividad neuronal. Este órgano consta de una parte externa, donde se canalizan las ondas auditivas hasta el tímpano, y una parte interna que es la que recibe las vibraciones, transformando las señales acústicas físicas en energía nerviosa. Sin entrar en detalles, en el llamado "órgano de Corti" existen células receptoras que –cuando son estimuladas– producen un componente químico generador de impulsos eléctricos que se transmiten al nervio acústico y luego al nervio auditivo.

El rango máximo de audición en el hombre incluye frecuencias de sonido que van desde 16 hasta 28.000 ciclos por segundo.

El sonido audible es el que corresponde a las ondas sonoras

en un intervalo de frecuencia de 20 a 20.000 Hz. Las ondas sonoras que tienen frecuencias por debajo de este intervalo audible se denominan infrasónicas, y las que tienen frecuencias por encima se llaman ultrasónicas.

Al igual que en el sentido de la vista, el ser humano no puede captar muchas frecuencias mientras que algunos animales sí pueden hacerlo. Es bien conocida la capacidad que poseen los perros de escuchar los ultrasonidos, o la utilización que hacen las ballenas del infrasonido para comunicarse a grandes distancias.

Por medio del infrasonido, algunos animales pueden prever desastres naturales como terremotos o tsunamis al percibir con antelación la inminencia de la catástrofe.

No obstante, aunque no podamos escucharlos, estos sonidos pueden afectarnos y causarnos varios trastornos como dolores de cabeza, fatigas, ansiedad, etc.

Sabiendo esto, los productores de armamento bélico ya han desarrollado armas de infrasonido que causan *"desorientación, vómitos y defecación involuntaria"*. (5)

Un cañón sónico de estas características fue diseñado y fabricado por Vladimir Gavreau, (jefe de los laboratorios de Electroacústica y Automatización del Centre National de la Recherche Scientifique de Francia). Su primera versión emitía un sonido que podía ser escuchado (196 Hz) y aún así provocó graves trastornos estomacales a los científicos. Su segunda versión emitía 37 Hz, causando pequeñas grietas en las paredes del laboratorio y la tercera (7 Hz) hizo vibrar toda la estancia, que parecía derrumbarse ante el poderoso sonido.

En nuestros días ha sido desarrollado el "Long Range Acoustic Device" (Dispositivo Acústico de Largo Alcance), que emite sonidos dolorosos de hasta 151 decibelios para situaciones bélicas (guerra de Irak, combate a los piratas de Somalia, etc) y para el control policial de manifestaciones violentas (EE.UU., Chile, Georgia, etc.).

El gusto

El sentido del gusto, al igual que el del olfato, es un sentido "químico", es decir que nos permite detectar diversas sustancias que son solubles en la saliva para brindarnos la sensación de sabor.

Las células sensoriales del gusto están contenidas en los llamados "botones del gusto", que son pequeñas estructuras receptoras localizadas en la lengua.

Este sentido se considera el más débil de todos y tiene varias limitaciones. Por ejemplo, si la sustancia química que se intenta "gustar" no puede disolver, no se podría distinguir su sabor. También es posible notar que al ingerir un alimento con la nariz tapada no es posible mantener su gusto. Este fenómeno se llama "interacción sensorial" y parte de la dependencia del sentido del gusto con relación al olfato. Por esta razón, un mero resfriado hace que los alimentos más sabrosos nos parezcan insípidos y sin sabor.

Generalmente se habla de cuatro gustos fundamentales: el dulce, el salado, el amargo y el ácido, aunque en Oriente suele agregarse un quinto: el umami. Los libros clásicos de fisiología también limitan la cantidad de gustos e incluso los relacionan con algunas zonas de la lengua, donde se reconocen los diversos sabores. Sin embargo, no es difícil darse cuenta que hay muchos gustos amargos, dulces, ácidos y salados, y limitar la gama de sabores a solamente cuatro es demasiado simplista. Si cerramos los ojos realizamos un sencillo ejercicio de concentración en el gusto, detectaremos una gama de sabores que antes seguramente nos pasaron desapercibidos.

A esta conclusión de "múltiples sabores" también llegó el investigador Hans Henning quien propuso en 1916 un mapa tridimensional de los sabores en forma de tetraedro. De acuerdo con Carolyn Korsmeyer: *El vértice de cada ángulo del tetraedro representa a un sabor primario puro. Las combinaciones de dos de cualesquiera de estos sabores se van a representar como puntos situados en uno de los lados de la figura. La limonada, por ejemplo, podría estar situada en el punto "a", entre el ácido y el dulce. Las combinaciones de tres de los sabores primarios estarían situadas en uno de los planos del tetraedro. La lechuga –especialmente la de la clase disponible en invierno– se situaría en "b". Si una sustancia combina todos los sabores, la sensación descrita estaría en algún punto en el interior de la figura. Quizá la sopa de col y ternera podría situarse alrededor de "c".* (6)

¿Cuál es la función del gusto? En primer lugar la boca actúa como un primer filtro a toda aquella sustancia que penetra en nuestro organismo para ser digerida. Por esta razón el sentido del gusto actúa como discriminador entre lo que nos conviene y lo que no nos conviene ingerir.

De acuerdo con Francesc Fossas: *"En la naturaleza los venenos más potentes tienen sabor amargo o ácido mientras que, por el contrario, se piensa que nuestro gusto innato por lo dulce podría tener una base biológica, por ser los alimentos dulces fuentes de calorías fácilmente disponibles".* (7)

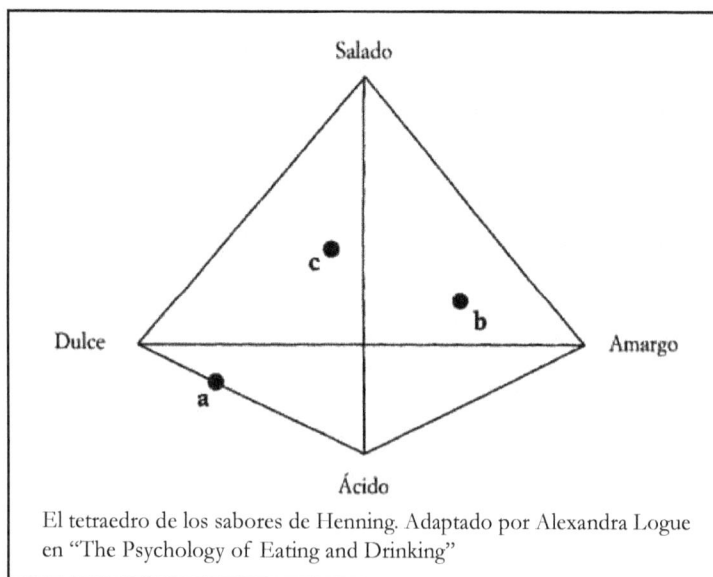

El tetraedro de los sabores de Henning. Adaptado por Alexandra Logue en "The Psychology of Eating and Drinking"

El sentido del gusto está supeditado al entorno cultural y el uso de la sal es un buen ejemplo de ello. Como bien señala Fossas: *"El consumo de la sal es el resultado de un aprendizaje. La práctica diaria nos demuestra que existe un determinado consenso en cuanto al uso de este condimento. (…) Cuando los cocineros hablan de que "corrigen" los platos de sal dejan claro de que hay un punto óptimo que alcanzar, una zona donde los alimentos saben "como es debido", un punto de encuentro donde la mayoría de comensales se encontrarán, y nunca mejor dicho, a gusto. Y si pedimos una tortilla nos la traerán, de no pedirlo explícitamente, con sal. ¿Por qué? Por la sencilla razón de que al cocinero y a nosotros nos han enseñado que debe ser así"*. (8)

El olfato

"El olfato es un hechicero poderoso que nos transporta a lo largo de muchas millas y años que ya vivimos. Los aromas de los frutos del Sur, me transportan a mi casa en el Sur, a mis travesuras infantiles en el medio de los durazneros. Otros olores, instantáneos y fugaces, hacen que mi corazón lata alegremente o se contraiga recordando un viejo dolor. Me basta con pensar en aromas y mi nariz se llena de fragancias que despiertan dulces memorias de veranos pasados y maizales distantes".

(Hellen Keller)

El olfato humano es uno de los sentidos más sensibles, pues unas pocas moléculas, es decir, una mínima porción de materia, bastan para el estímulo de las células olfativas.

El gusto y el olfato tienen numerosos puntos en común. Ambos son sensibles a estímulos químicos y captan la presencia de partículas disueltas en el medio ambiente. La olfacción detecta partículas en fase gaseosa, mientras que la degustación detecta partículas disueltas en medio líquido. Al introducir en la boca una sustancia que desprende vapores, parte de éstos llegan a la región olfatoria y dan lugar por lo tanto a una sensación mixta de olor-sabor, como dijimos anteriormente.

En los animales que no pueden mantenerse en una postura erecta, el sentido del olfato desempeña un papel más importante que en los seres humanos, ya que les permite detectar peligros y fuentes de alimento a grandes distancias. El hombre, al poder mantenerse erguido, usa con más frecuencia la vista y el oído, que le "facilitan las cosas", utilizando raramente los estímulos olfativos.

Mientras que la superficie olfatoria de la nariz humana es de cinco centímetros, la del perro es de unos 150 centímetros cuadrados. También podemos comparar las células olfatorias del ser humano con las de los canes: mientras que nosotros tenemos 5 millones de células de este tipo, los perros pueden llegar a tener 220 millones y las razas rastreadoras, como los sabuesos, 300 millones.

Por esta razón se estima que las capacidades olfativas de los perros son un millón de veces superiores a la de los seres humanos.

Los catadores de vino utilizan una serie de ejercicios para que su olfato sea más sensible, distinguiendo dentro de la bebida aromas primarios, que son propios de la variedad del vino, aromas secundarios, que se originan en la fermentación alcohólica, y finalmente aromas terciarios que se producen como consecuencia del envejecimiento y la crianza del vino.

De este modo se explican las curiosas contraetiquetas de las botellas que indican que determinado vino tiene aroma a bayas salvajes, pimienta verde, almendras tostadas, etc. Estas denominaciones fueron creadas por analogía y están basadas en una clasificación muy específica que incluye aromas florales, especiados, frutales, vegetales, animales, balsámicos, empireumáticos, químicos, minerales, etc.

Los "perfumistas" profesionales están incluso por encima de los catadores de vinos y pueden llegar a distinguir miles de aromas, alrededor de 500 de origen natural y más de 5.000 de origen sintético.

En el caso de los catadores y los perfumistas se puede hablar de una "base de datos olfativa" donde el especialista recurre a su memoria para identificar determinado aroma. Un perfumista experimentado puede recopilar en su memoria olfativa una colección de olores con los que trabaja más a gusto y sabe combinarlos con maestría para crear nuevos perfumes de éxito.

Algunos han comparado a los perfumistas con los músicos, aseverando que *"trabajan con olores, a los que llaman "notas olfativas" y los ligan formando "acordes" sencillos los cuales, unidos a otros "acordes" sencillos forman "acordes" más complejos". Éstos se adornan y se redondean con otras notas hasta dar como resultado una composición perfumística"*. (9)

Esta memoria vinculada al olfato o al gusto (recordando que ambos sentidos están interrelacionados) nos recuerda a la magdalena de Proust de la célebre obra "En busca del tiempo perdido", en la cual el aroma del bizcocho retrotrae inmediatamente al escritor a su infancia por un inexplicable suceso de asociación. Este fenómeno es conocido justamente con el nombre de "síndrome de Proust" y se refiere a la capacidad de algunas personas de retroceder en el tiempo y despertar una cantidad de recuerdos y vivencias vinculadas a ese estímulo.

Ciertamente, tiene toda la razón Diane Ackerman cuando afirma que *"cuando ofrecemos un perfume a alguien, estamos ofreciendo memoria en estado líquido"*. (10)

En nuestras prácticas de meditación podemos usar sahumerios con diferentes aromas, pero si usamos siempre la misma fragancia, más fácilmente alcanzaremos estados introspectivos más profundos, ya que el aroma repetido nos recordará inconscientemente experiencias meditativas anteriores y así podremos "retomar" el grado de concentración alcanzado, facilitándonos la práctica.

Existe una técnica terapéutica que actúa a través del sentido del olfato: la psicoaromaterapia. La misma está basada en una serie de efectos psicológicos que son producidos a través de ciertos aromas seleccionados en los aceites esenciales. Estas esencias concentran todos los agentes químicos de las plantas (vitaminas, hormonas, antibióticos y antisépticos).

Los diversos efectos que producen los diferentes aceites esenciales se clasifican en las siguientes categorías: relajantes, estimulantes, afrodisíacos, anafrodisíacos, equilibradores, antidepresivos y estimulantes mentales.

El tacto

El tacto es el sentido que se manifiesta a través del órgano físico más extenso (la piel), y en ese lugar se encuentran distintos tipos de receptores, sensibles a diferentes tipos de vibraciones. Estos responden a estímulos específicos de, al menos, cuatro diferentes frecuencias: la presión, el calor, el frío y el dolor.

Las diferentes regiones corporales presentan una diferencia en la sensibilidad táctil debido al número de esos receptores en cada zona del cuerpo. Por ejemplo la nariz, los labios y las puntas de los dedos, están muy pobladas de receptores cutáneos, mientras que la espalda, el dorso de la mano, la pantorrilla, el brazo, etc., presentan una densidad de receptores menor.

Ciertamente, el inmenso caudal de información que recibimos diariamente no puede ser retenido en su totalidad y necesita ser filtrado, discriminado de algún modo pues de otra forma nos volveríamos locos. Esto puede ser fácilmente notado porque si en todo momento fuéramos conscientes del contacto y del roce de la ropa nos sentiríamos sumamente incómodos.

Aquellas personas que carecen del sentido de la vista suelen agudizar sus otros sentidos, en especial el tacto y, teniendo en cuenta esto, el francés Louis Braille creó el sistema de escritura que lleva su nombre. El mismo consiste en celdas con seis puntos en relieve que se disponen en tres filas por dos columnas.

A las personas que poseen sus capacidades visuales intactas se les dificulta la identificación y la diferenciación de los caracteres Braille, lo cual evidencia que los sentidos pueden ser ejercitados y perfeccionados, del mismo modo que los catadores y los perfumistas perfeccionan su sentido del olfato.

Más aún: los sentidos en los ciegos poseen otras funciones que son peculiares y dignas de atención como la ecolocación, es decir, aquella facultad que les permite detectar y esquivar obstáculos sin tener que tocarlos. Este sistema está bien desarrollado en los murciélagos que perciben auditivamente los objetos y sus presas. Un ciego entrenado puede detectar muros, columnas y grietas a más de tres metros de distancia, para lo cual debe producir ruidos con el bastón, con sus zapatos, e incluso con su cuerpo para que el sonido se expanda y choque con el objeto. De este modo, el eco regresa a los oídos del invidente y éste detecta los obstáculos en su camino. (11)

Mediante diversas técnicas, las sensaciones de frío, calor y dolor pueden paliarse e incluso eliminarse. Los faquires de la India que se acuestan sobre camas con clavos o las personas que caminan sobre las brasas son un buen ejemplo de esto. En la mayoría de los casos no es necesario el empleo de técnicas demasiado elaboradas de control mental para vencer al dolor sino simplemente enfrentar nuestros miedos y derrotarlos.

El dolor puede tener un origen emocional (subjetivo) o sensorial (objetivo). El primero es objeto del estudio de la Psicología y está profundamente relacionado con la primera noble verdad del Buddha: "Existe el dolor".

El dolor se percibe a través del sentido del tacto nos advierte que algo no va bien, indicando al sistema nervioso que alguna parte de nuestro cuerpo está siendo expuesta a una situación que puede tener como consecuencia una lesión o una enfermedad.

La percepción sensorial del dolor depende de muchos factores. Es bien sabido que las mujeres suelen ser más resistentes al dolor que los hombres y que un trabajador rural habituado a las duras tareas del campo puede soportar mejor las situaciones de dolor que un ciudadano urbano de clase media que trabaja en una oficina. Este límite se llama "umbral del dolor" y es la capacidad que tiene cada persona para soportar el dolor. Lo que para unos individuos puede resultar intolerable, para otros tal vez no lo sea tanto, aunque ambos sientan el dolor. Por eso decimos que el dolor es una experiencia multidimensional, única e intransferible, y por esta razón altamente subjetiva, relacionada con estímulos sensoriales o emocionales.

Más allá de los cinco sentidos

El cuerpo físico es una maravilla de la naturaleza y los cinco sentidos son una parte esencial de este sorprendente vehículo. Sin embargo, y como venimos advirtiendo, las limitaciones de los sentidos son evidentes porque no nos muestran toda la realidad sino una parte de ella, haciéndonos creer que lo que percibimos es lo único que existe.

Como bien dice Plutarco: *"Nuestros sentidos, que ignoran la Realidad, nos dicen falsamente que lo que parece ser, es"*. (12)

Hemos visto cómo los ciegos pueden percibir sonidos y olores que las personas sin limitaciones visuales no llegan a distinguir. Vimos también que algunos especialistas logran ejercitar algunos sentidos para captar mejor esa inmensa gama de estímulos externos, e incluso nosotros mismos, con un simple ejercicio de concentración, podemos reconocer sabores que antes habían pasado desapercibidos.

Siendo así, muchos estudiosos han planteado la posibilidad de la existencia de otros sentidos más allá de los cinco conocidos que nos permitan obtener información por medios no convencionales. Tradicionalmente se habla de un "sexto sentido" que nos permitiría distinguir vibraciones metafísicas y aún de otras facultades que se manifestarían en una evolución futura. Esta era la postura de Helena Petrovna Blavatsky, por ejemplo, que señalaba que *"el sexto sentido es el de la percepción psíquica del color, y el séptimo el de la percepción espiritual del sonido"*. (13)

Estas facultades o sentidos que funcionan en el campo extrasensorial se denominan "clarividencia" (lo que Blavatsky llama "percepción psíquica del color") y "clariaudiencia" (la llamada "percepción espiritual del sonido").

Existen diversos grados de clarividencia y clariaudiencia. Cuando una persona manifiesta que puede "ver el aura" podríamos preguntarle: ¿a qué aura se refiere usted exactamente?, porque en verdad cada objeto y cada ser vivo posee diversas "auras" o "campos áuricos" que se interpenetran y que se suceden unos a otros como capas de una cebolla. Por eso, quienes afirman que pueden "ver el aura" generalmente pueden captar el campo electromagnético que rodea los objetos y que es parte del plano etero-físico.

No obstante, un clarividente entrenado podrá observar también el aura del cuerpo pránico, mediante el cual podrá detectar enfermedades y prevenir problemas que podrían manifestarse más tarde en el cuerpo denso. Ciertamente, muy pocas personas tienen acceso a la visión de las auras astrales o emocionales, donde se manifiestan los sentimientos, las emociones y las pasiones humanas, y menos aún pueden llegar a observar los campos áuricos de los cuerpos superiores.

En el ejercicio de la concentración en un candil o "tratak" –que explicaremos en el apéndice– podremos comprobar experimentalmente estos conceptos, observando que el tamaño de la aureola de la vela varía de acuerdo al grado de concentración que alcancemos.

A lo largo del siglo XX se realizaron diversos experimentos relacionados con estas facultades metafísicas y con la percepción extrasensorial, aunque la proliferación de todo tipo de farsantes y embaucadores le ha quitado credibilidad a muchas de estas investigaciones.

Las cartas Zener son un instrumento interesante para el estudio de la telepatía y la clarividencia. Fueron creadas a principios del siglo XX por Joseph Banks Rhine y Karl Zener, y consisten en un mazo de 25 cartas que contienen cinco figuras diferentes: una estrella, un cuadrado, una cruz, un círculo y una onda. Mediante estas cartas se intenta investigar y explicar científicamente la PES (percepción extrasensorial), evaluando si los aciertos de los supuestos videntes es superior a los que se darían por una simple probabilidad matemática.

Podemos concluir junto con Diane Ackerman que: *"por comodidad (…) decimos que existen cinco sentidos. Con todo, sabemos que hay más, si nosotros quisiéramos explorarlos y glorificarlos. Al adivinar donde hay aguas, los zahoríes tal vez responden a un sentido electromagnético que todos poseemos en mayor o menor grado. Otros animales, como las mariposas y las ballenas, navegan detectando los campos magnéticos de la Tierra. No me sorprendería saber que también nosotros tenemos esa capacidad".* (14)

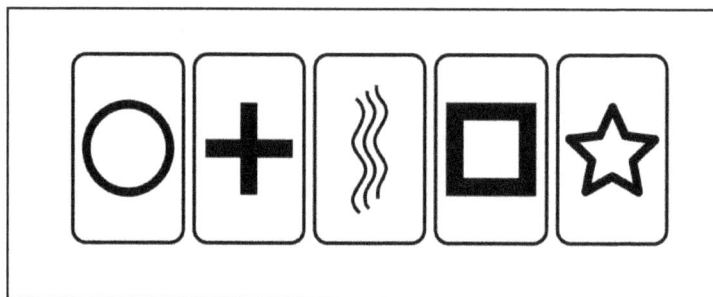

La sinestesia

"La sinestesia no es una enfermedad sino un "extra", pues nuestros sentidos nos dan más de lo que se espera de ellos"
(Richard Cytowic)

La sinestesia se considera científicamente como una facultad asombrosa que permite a algunas personas "escuchar colores" y "ver sonidos". Aunque sea considerada una patología neurológica desde los años 70, Uta Frith dice que esta habilidad *"no es realmente una enfermedad, pues está afecta a gente que no presenta ninguna anomalía cerebral. Una persona nota que algo tiene un sabor amargo cada vez que oye sonar un timbre. Otra acaso huela a fresas siempre que toca ropa de algodón. La forma más común de sinestesia supone asociar un color a una letra o palabra concreta. La mayoría de los individuos que presentan esta forma de sinestesia vinculan todas las letras y todas las palabras a un color particular".* (15)

La persona sinestésica no tiene la sensación de sentir un olor o un gusto, sino que lo siente realmente. Algunas drogas (LSD, hongos alucinógenos, etc.) potencian nuestras capacidades sinestésicas y algunos autores señalan que esta forma de percepción podría llegar a presentarse en una futura evolución de la especie humana. Recordemos que Blavatsky afirmaba que *"a los cinco sentidos que actualmente posee el hombre, se han de añadir dos más"* (16) refiriéndose específicamente a la *"percepción psíquica del color"y la "percepción espiritual del sonido".*

Algunos científicos se refieren a la sinestesia como un "escape sensorial" y tratan de explicar el asunto afirmando que esta facultad *"es el resultado de un diálogo neurológico entre las vías visuales y las auditivas cerebrales. Puesto que estos dos centros cerebrales están anatómicamente cerca, es posible que algunas neuronas visuales se desvíen, por ejemplo, a la vecina región auditiva para transmitir señales visuales como respuestas a sonidos".* (17)

Sea como sea, lo más importante de este punto es destacar que pueden existir formas de percepción diferentes a las que conocemos habitualmente. Mientras que en nuestra sociedad se considera a la sinestesia como una "aberración neurológica", en otras —como los dogon de Mali— es común "oír" colores y "oler" sonidos con relativa frecuencia. Afirma James Geary que *"los dogon creen que los significados de los olores y los sonidos están esencialmente relacionados, puesto que ambos se comunican a través del aire".* (18)

La purificación de los sentidos

Algunos esoteristas, filósofos y simbolistas han comparado a los sentidos con caballos que deben ser domesticados por el Alma espiritual para que le obedezcan y le sean útiles a sus fines. En otras palabras: los sentidos deben estar a nuestro servicio como instrumentos eficaces para entrar en contacto con nuestro entorno, pero no deben desviarnos de nuestro sendero y de nuestras metas trascendentes.

Este era el pedido que hacía el místico Yogananda al suplicar: *"¡Oh, Dios vivo! ¡Ayúdame a disciplinar a los niños vagantes de mis sentidos para que no se aparten del conocimiento de Ti".* (19)

El control que debe ejercer nuestro Yo Superior no significa "reprimir nuestros sentidos", pues escapar a los estímulos externos no nos hace más fuertes. Simplemente debemos saber interpretar la verdadera naturaleza de nuestros sentidos y utilizarlos como peldaños para seguir ascendiendo.

Los sentidos –por su propia naturaleza– nos llevan "hacia fuera" cuando en realidad nosotros tenemos una imperiosa necesidad de ir "hacia dentro". Por esto, William Law reflexionaba: *"¿Qué necesidad tenemos de tantas noticias del exterior, cuando todo lo que atañe a la vida o a la muerte está ocurriendo y se desarrolla dentro de nosotros?".* (20)

En el Bhagavad Gita pueden leerse las siguientes enseñanzas de Krishna al discípulo Arjuna:

"¡Oh, hijo de Kunti! Los fogosos sentidos arrastran impetuosamente aún el corazón del sabio que contra ellos forcejea. Sojuzgados todos sus sentidos, puede el hombre estar en armonía Conmigo que soy su aspiración suprema; porque quien ha subyugado sus sentidos es de equilibrada mente.

»El hombre que se complace en los objetos de sensación, suscita en sí el apego a ellos; del apego surge el deseo; del deseo el apetito desenfrenado; del apetito desenfrenado dimana la ilu-

sión; de la ilusión la desmemoria; de la desmemoria, la pérdida del discernimiento; y por la pérdida del discernimiento perece el hombre.

»Pero el que dueño de sí mismo se mueve entre los objetos de sensación, con los sentidos libres de gusto y repugnancia, sojuzgados por el Atman, logra la paz. (…)

»Así, ¡oh, armipotente!, aquel cuyos sentidos están por entero desapegados de los objetos de sensación, es de equilibrada mente". (Gita 2:60-68)

Comentando estas estancias, Ada Albrecht explica que *"cuando el hombre no tiene su mente bajo control, entonces, esa mente irá hacia donde los sentidos se muevan. Por ejemplo, si el oído "oye" una canción, la mente seguirá a esa canción. Si la vista "ve" algo placentero (o desagradable), la mente gozará con ello (o lo rechazará). En este caso la mente es una constante esclava de sus sentidos".* (21)

Cuento: El tazón de leche

El discípulo se lamentaba ante su maestro:

—Ya ni siquiera encuentro disfrute en lo placentero. Mi mente está tan insatisfecha que incluso las cosas agradables han dejado de serlo para mí. Hasta lo deleitable se torna amargo.

—Cuando la mente no está en equilibrio y sosiego, no se puede disfrutar de nada, efectivamente —dijo el maestro.

—Pero ¿por qué? —preguntó angustiado el discípulo.

—Lo entenderás mejor si haces lo que te diga. Busca un enfermo grave y dale un tazón de leche dulce. Después vuelve aquí y cuéntame lo sucedido.

Aunque la petición era muy extraña, el discípulo decidió hacer lo que le pedía el maestro. En el pueblo se enteró de que había un enfermo muy grave. Acudió a visitarlo, con un tazón de leche dulce y se la dio a beber, ayudándole a incorporarse lo necesario para tomarla. El enfermo, al probar la leche, hizo una mueca de asco y protestó:

—¡Qué amargo está esto!

Cuando el discípulo le contó el hecho al maestro, éste dijo:
—¿Te das cuenta? Si la mente no está bien, nada está bien.

Cuando hay amargura en la mente, esa amargura se proyecta e impregna incluso lo más bello y placentero. La mente que no ha evolucionado puede hallar diversión y aburrimiento, placer y dolor: pero jamás la dulzura que solo procura una mente en la que han brotado factores de iluminación como la sabiduría, el contento, el sosiego y la compasión. (22)

"La inteligencia (Buddhi) es influida directamente por el Alma Espiritual. Por ello, si la mente sigue a la inteligencia, será capaz de guiar a los sentidos por el camino correcto. (...) Para andar en un carro, el auriga es quien desempeña el papel más importante. Ni los caballos que tiran de él y ni siquiera el dueño que va sentado dentro, son competentes como para asegurar un trayecto sin peligros: el auriga es el único que puede hacerlo. Si no es experto, los caballos se desbocarán y arrastrarán el carro en cualquier dirección. Por lo tanto, el auriga deberá ser lo suficientemente competente y experimentado como para llevar a cabo correctamente su labor" (Sri Satya Sai Baba: "Lluvias de verano", vol. VI)

CAPÍTULO IV

Contraparte etérica y cuerpo vital

Al abordar el tema de la contraparte etérica del cuerpo físico vale la pena hacer algunas aclaraciones iniciales pues existe una gran confusión causada por las diferentes nomenclaturas utilizadas por los autores esotéricos para designar a los vehículos, y es usual el enredo entre esta contraparte del cuerpo físico (compuesta de cuatro éteres) con el cuerpo pránico o vital. Sea como sea, recordemos siempre que estos esquemas son **mapas**, por lo cual es importante diferenciar la compleja realidad de la constitución humana con los modelos pedagógicos que se presentan para intentar una mejor comprensión.

Mientras que la contraparte etérica regula las funciones involuntarias del cuerpo humano, el cuerpo vital es el encargado de recibir, asimilar y distribuir el prana (la energía vital) en todo el organismo, brindándole vitalidad.

Como dijimos antes, el plano físico está compuesto por dos regiones: una densa y otra etérica. La región densa está compuesta por los sólidos, líquidos y gaseosos, mientras que la región etérica se compone por cuatro éteres: químico, vital, luminoso y reflector, que se relacionan directamente con algunas funciones del sistema nervioso autónomo.

Los dos sistemas nerviosos

Antes de tratar directamente el tema de los éteres, es importante recordar que el ser humano posee dos sistemas nerviosos: uno somático, o de la vida de relación, –que tiene que ver con los actos voluntarios y conscientes que realizamos (ej. los movimientos musculares que nos proponemos: saltar, comer, etc.)–, y otro vegetativo o autónomo (o sistema nervioso visceral) que es el encargado de regular las funciones involuntarias, o inconscientes, a través de los sistemas simpático y parasimpático. Muchos de los órganos cumplen funciones de tipo voluntario e involuntario.

Ambos sistemas nerviosos están ligados íntimamente con los cuerpos sutiles y, por lo mismo, con la contraparte etérica del cuerpo físico. Los dos sistemas son muy sensibles a nuestros pensamientos y emociones, por lo cual tanto las emociones fuertes como los pensamientos negativos influyen notoriamente en nuestro bienestar general.

Estos desequilibrios causan una pérdida local o general de vitalidad, y pueden generar un aumento o disminución de algunas secreciones que son una parte importante de nuestro equilibro étero-físico y vital.

El mal funcionamiento del sistema nervioso autónomo se conoce como "disautonomía" y se traduce en diversas "enfermedades", entre ellas el "síndrome de fatiga crónica".

Los cuatro éteres

La región etérica del plano físico está compuesta por cuatro éteres:

1) Éter Químico: Relacionado con las fuerzas que producen la asimilación y excreción, así como el proceso respiratorio.

Sistemas que regula: respiratorio, digestivo y excretor.

El polo positivo de este éter se manifiesta en la digestión y la asimilación de aire, mientras que el polo negativo es palpable en la excreción y la exhalación del aire.

En este proceso de absorción (de aire y alimento) existe una parte visible, con materias físicas que se pueden medir y pesar, y una parte invisible, en la cual el ser humano asimila prana o energía vital, que ingresa a nuestro organismo principalmente a través de la respiración, la bebida y la comida, como estudiaremos más adelante.

2) Éter de Vida: Relacionado con las fuerzas que se encargan del mantenimiento de la especie.

Sistema que regula: reproductor.

En el ser humano se manifiesta en el sistema reproductor femenino y masculino de formas diferentes. En el sistema genital femenino el polo positivo del éter de vida regula la gestación, así como el proceso de formación de los óvulos y la menstruación.

En el hombre, el polo negativo actúa para la producción del semen y la eyaculación.

3) Éter luminoso: Relacionado con la circulación de la sangre y el calor corporal.

Sistemas que regula: cardiovascular y linfático.

En nuestra especie, el éter luminoso se manifiesta a través del sistema circulatorio, haciendo funcionar el corazón, regulando la termorregulación (capacidad corporal de regular su temperatura) así como la circulación de la sangre y de la linfa.

4) Éter reflector: Relacionado con la memoria y los recuerdos.

Función que regula: memoria.

El éter reflector actúa principalmente en la memoria de la naturaleza donde se hallan los llamados "archivos akáshicos", que son unos registros integrales donde se conserva el recuerdo de todas las acciones realizadas por los seres humanos a lo largo de los tiempos. La concepción de Eliphas Lévi sobre la "luz astral" y la de Carl Gustav Jung sobre el "inconsciente colectivo" están evidentemente emparentadas con esta idea tradicional de una memoria metafísica.

Esta memoria se asocia con el desarrollo psicomotor y es de importancia capital en las etapas de crecimiento infantil (aprender a caminar, a hablar, a gesticular, etc.).

Según Max Heindel: *"Todos los actos de los hombres dejan un recuerdo indeleble en la Memoria de la Naturaleza y en el*

Éter Reflector, donde el vidente ejercitado puede leer su historia con una facilidad proporcional a su capacidad y ejercitamiento.

El Éter Reflector tiene este nombre por más de una razón, por que los recuerdos o imágenes que hay en él no son sino reflejos de la Memoria de la Naturaleza". (1)

Las fotografías Kirlian y el aura

En el año 1939, Simon y Valentina Kirlian inventaron una cámara fotográfica que lograba registrar un aura que rodeaba a los objetos animados e inanimados, y que era invisible a los ojos humanos.

Mediante este aparato, el hombre ha podido fotografiar el aura en su faceta más densa, ya que lo que se registra con la cámara Kirlian no es el campo áurico del cuerpo vital sino el campo electromagnético que cubre el cuerpo humano y que sobresale algunos centímetros por encima de la piel.

Para entender esto, debemos explicar a qué nos referimos con el término "aura", ya que cada vehículo tiene su respectiva "aura" e incluso sabemos que todas las sustancias materiales emiten un resplandor áurico con una intensidad **diferente,** dependiendo de su composición. Al analizar algunos minerales como la magnetita, este campo electromagnético se hace evidente y podemos comprobar que –aunque no podamos verla– existe un aura que produce ciertos efectos en otros objetos de su medio circundante.

Por esta razón la Sabiduría Antigua no habla de "un aura" sino de "siete capas áuricas" que a su vez constituyen un "huevo áurico", que es la suma de todas estas capas y que tiene una forma ovoide.

Aquellos que poseen dotes naturales o han podido entrenarse en la visión profunda o "clarividencia" son capaces de ver las capas más sutiles. Como existen personas con más o menos sensibilidad (es decir, con facultades clarividentes más o menos precisas), muchas veces existen discrepancias acerca de los colores y otras características del campo áurico.

Generalmente cuando se habla de los "colores del aura" se hace referencia a los colores del "aura de salud" o el campo que rodea al cuerpo vital. En estos patrones cromáticos suelen distinguirse colores que pueden anticipar dolencias y enfermedades que posteriormente se manifestarán en nuestro cuerpo denso, teniendo en cuenta que en el plano físico se evidencian las consecuencias de manifestaciones originadas en otros planos.

El cuerpo vital o pránico

El cuerpo vital es el vehículo que proporciona vida al cuerpo étero-físico, ya que está compuesto de prana, la energía vital. Por esta razón algunos autores le denominan "cuerpo pránico" o "cuerpo energético". Posee tres funciones principales: recepción de prana, asimilación de prana y transmisión de prana.

El prana

El prana es la energía vital procedente del sol, que es invisible al ojo humano, e indispensable para la supervivencia humana.

El prana actúa como elemento de cohesión de un organismo, manteniéndolo con vida y unido. De acuerdo con Blavatsky, este vehículo actúa *"a la manera de un acumulador eléctrico [y] acumula vida, que distribuye con regularidad y oportunamente por todas las partes del organismo, dirigiendo la corriente vital según las necesidades del cuerpo".* (2)

Abastecemos de prana a nuestro organismo principalmente a través de la respiración, el alimento, la bebida y las radiaciones solares, influyendo también en su flujo armónico el descanso, la relajación, el sueño y las impresiones mentales. Si logramos optimizar estas fuentes de energía, dispondremos de mayor vitalidad.

De acuerdo a la Tradición, el Prana tiene dos elementos fundamentales que el hombre incorpora a su organismo: un elemento positivo (mediante la respiración) y un elemento negativo (mediante los alimentos y líquidos).

Dicho de otro modo, los elementos negativos de prana provienen de la Madre Tierra (son terrestres) mientras que los elementos positivos provienen del Padre Cielo (son celestes).

Cuando existe una perfecta armonización de la energía positiva y negativa, el ser humano obtiene salud, bienestar y equilibrio. Los elementos positivos y negativos se juntan –desde un punto de vista fisiológico– en la sangre.

El cuerpo humano actúa como una batería o acumulador de prana, y verdaderamente hay mucha energía vital a nuestra disposición, aunque solemos malgastarla de muchas maneras. Algunas técnicas místicas, entre ellas la respiración consciente y controlada, proporciona y estabiliza nuestra energía, brindándonos un equilibrio de las dos polaridades. El control de prana se conoce como "pranayama" y constituye la cuarta etapa del Raja Yoga, tal como está expuesto magistralmente en los Yoga Sutras de Patanjali de la tradición inda.

El prana está en la sangre, en las células, en las neuronas y en general en el complejo materia-mente pero conforma, como dijimos al principio, el cuerpo vital, que se corresponde con el étero-físico y lo interpenetra.

En este cuerpo pránico hay centros energéticos (chakras) y canales sutiles (nadis) por los que circula la energía, convirtiendo a este vehículo en un verdadero sistema de tubos energéticos por donde el prana fluye, alimentando todo nuestro organismo y otorgando vida al cuerpo étero-físico.

Todos los vehículos están conectados por cordones sutiles y en el caso del cuerpo físico y el cuerpo pránico esta unión la establece el llamado "cordón de plata". Cuando este hilo se rompe, el cuerpo denso muere porque deja de recibir la energía vital que lo mantenía con vida.

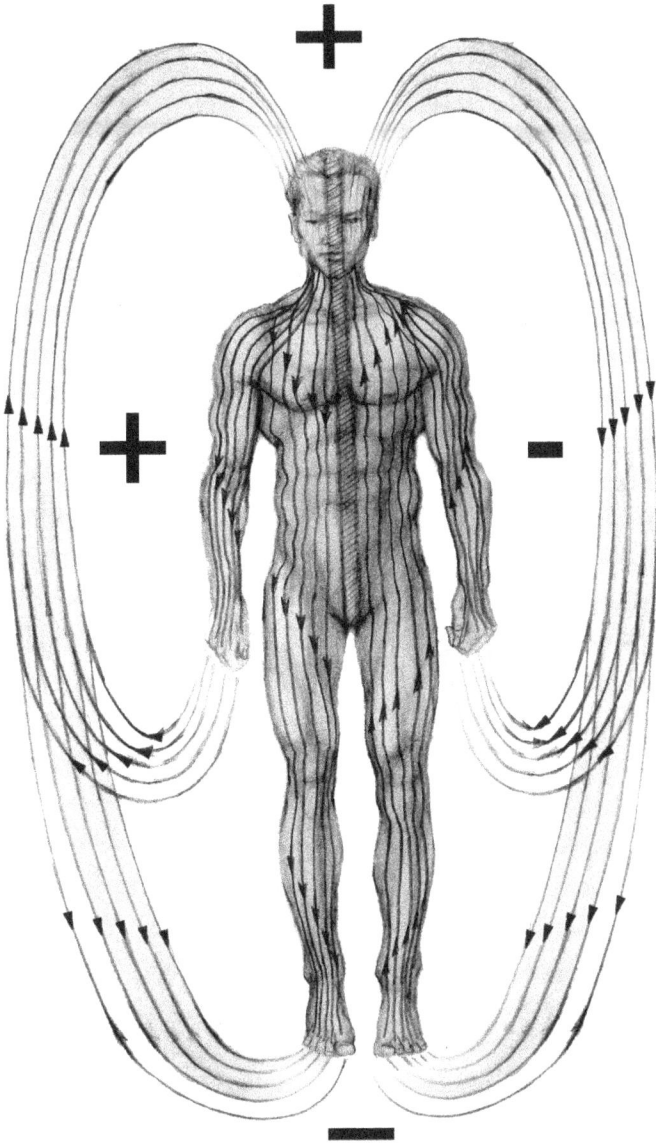

Captación de prana

Elemento positivo (Padre Cielo)	Elemento negativo (Madre Tierra)
Respiración	Alimentación y bebida
Radiaciones cósmicas, principalmente solares.	Captación de energías telúricas y otras relacionadas con el reino vegetal y el reino mineral.

Polaridad del cuerpo vital

Al ser un vehículo de naturaleza energética, el cuerpo vital posee dos polos, al igual que un imán. Visto de frente, la sección superior desde el diafragma es positiva y la inferior es negativa, así como es positiva la derecha y negativa la izquierda.

De acuerdo a este concepto podemos comprender el biomagnetismo pránico, que está vinculado a las curaciones "magnéticas", así como a otros fenómenos metafísicos. (3)

El equilibrio de la energía interna se logra a través de los ejercicios de respiración positiva, negativa y neutra, ya que existe una íntima relación entre el flujo pránico a través de los nadis y la respiración. Estos tres tipos de respiración se utilizan en técnicas avanzadas de curación esotérica y en la "terapia de polaridad", desarrollada por el Dr. Randolph Stone, que investigó en profundidad las dos polaridades internas del ser humano. Según las teorías de Stone (que están en consonancia con la tradición esotérica atemporal), los bloqueos en los campos electromagnéticos del cuerpo causan enfermedades tanto físicas como psicológicas.

Respiración positiva: se efectúa inspirando profundamente por la nariz, reteniendo el aire en los pulmones tanto tiempo como sea posible sin experimentar molestia y espirando el aire fuertemente por la nariz. De este modo, la respiración sostenida tiene tres tiempos: inhalación, retención con los pulmones llenos y exhalación (y se repite el proceso).

Respiración negativa o de vacío: se realiza inhalando por la nariz, exhalando completamente también por la nariz y manteniendo los pulmones vacíos por el tiempo máximo posible sin experimentar molestias. Esta respiración también cuenta con tres tiempos: inhalación, exhalación y retención con los pulmones vacíos. (y se repite el proceso)

Respiración neutra: consiste en inspirar y espirar profundamente por la nariz, volver a inspirar y espirar de nuevo profundamente por la nariz, continuando así, sin ninguna interrupción entre las respiraciones. Este ejercicio es complementario a los anteriores.

En la mañana, podemos hacer un ciclo de respiraciones de estos tres tipos para armonizarnos y equilibrar las energías internas, empezando con tres respiraciones negativas, luego tres positivas y finalmente tres neutras. En algunas escuelas esotéricas de la tradición occidental, se realizan respiraciones de este tipo antes de ingresar al recinto sagrado. Otra técnica útil para el equilibrio interno es la "respiración alternada", que será explicada en el apéndice.

Los chakras

Los chakras (del sánscrito "ruedas") o centros de fuerza, son puntos de conexión donde se capta, se almacena y se distribuye la energía vital o prana. Estos centros pueden observarse clarividentemente en la superficie del cuerpo energético como vórtices, remolinos o discos que brillan y giran con gran rapidez.

Algunos clarividentes los describen como "flores abiertas"

(lotos) con diferentes coloraciones que son más o menos brillantes según el estado evolutivo de cada persona. En los tratados orientales se habla además de ciertos "rayos" que poseen los chakras, que están relacionados a su rotación y a los canales energéticos (nadis) que comunican a los centros entre sí.

A lo largo de la columna vertebral están ubicados los siete chakras principales que se denominan de la siguiente manera:

Sánscrito	Significado	Nombre	Ubicación
Muladhara	Fundación	Raíz	Genito-urinario
Swadisthana	Lugar donde mora el Ser	Genital	Raíz de genitales
Manipura	Ciudad de las gemas	Del plexo	Plexo solar
Anahata	El no golpeado	Cardíaco	Corazón
Vishudda	Puro	Laríngeo	Garganta
Ajna	Autoridad, mando	Entrecejo	Entrecejo
Sahasrara	Mil pétalos	Coronario	Coronilla

Estos chakras principales originan otros chakras más pequeños distribuidos a lo largo de todo el cuerpo vital y que están unidos entre sí por los nadis que constituyen un magnífico sistema de canales bien conocido por la terapéutica tradicional de Oriente. En otras palabras: los "puntos" o "nodos" utilizados en la acupuntura, digitopuntura y shiatsu no son otra cosa que chakras secundarios, mientras que los "meridianos" de la terapéutica china pueden ser equiparados a los nadis, canales por donde fluye el prana o chi (ki).

Los chakras pueden armonizarse, alinearse y activarse a través de diversas técnicas que van desde la meditación a la acupuntura.

Un chakra puede estar:

a) Bloqueado: Cuando gira muy lentamente, está detenido o lo hace en sentido contrario.

b) Acelerado: Cuando gira muy rápidamente.

c) Equilibrado: Cuando gira a la velocidad vibratoria correcta.

En el apéndice de esta obra explicaremos una técnica sencilla para armonizar los chakras mediante la mantralización, es decir la vocalización de determinado mantram (ejemplos: OM, RA, MA, etc) para trabajar vibratoriamente sobre determinados centros.

¿Qué es un mantram? Los mantrams (o "mantras") son combinaciones sonoras de letras que –pronunciadas del modo adecuado– tienen efectos físicos, energéticos y psicológicos.

La efectividad del mantram está dada en la vibración que produce. Swami Devananda declara que los mantrams *"vibran en los chakras a lo largo de la médula espinal, ejerciendo una especie de masaje sutil que libera la energía bloqueada y permite a la kundalini fluir más libremente"*. (4)

Más allá del ejercicio que proponemos sobre los "tres sonidos raíces" debemos advertir que la tradición inda establece siete "biya mantrams" (sonidos-semilla) para armonizar y activar los chakras, liberando así la energía bloqueada. Estos sonidos-semilla son:

Chakra	Bija-mantra
Muladhara	LAM
Swadisthana	VAM
Manipura	RAM
Anahata	YAM
Vishudda	HAM
Ajna	OM
Sahasrara	OM

Para quienes siguen el sendero del Yoga, estos sonidos son de capital importancia, pero deben ser transmitidos por un yogui experto para poder entonarlos de la manera correcta. Para quienes han optado por un camino occidental, sugerimos la pronunciación de los tres sonidos raíces: MA, RA y OM, que son bien conocidos en las escuelas herméticas y rosacruces.

> *"Un mantram es una energía mística, contenida en una estructura de sonido. Sus vibraciones afectan directamente a los chakras, o centros de energía del cuerpo, tranquilizan la mente y llevan a la quietud de la meditación".* (Swami Devananda)

Colores y rayos de los chakras

Cada chakra concebido como un "loto" puede visualizarse como una flor de increíble belleza, que contiene una serie de pétalos que están agrupados alrededor del núcleo central.

Las personas que han desarrollado la clarividencia y que pueden visualizar los chakras, han descrito los colores de los mismos y sus "rayos" o "pétalos".

Esta es la reseña cromática de los siete chakras principales:

Nombre	Color	Rayos
Muladhara	Rojo	4
Swadisthana	Rojo brillante	6
Manipura	Azulado	10
Anahata	Escarlata	12
Vishudda	Púrpura	16
Ajna	Blanco	96 (parecen solo 2)
Sahasrara	Violáceo	960, con eje central de 12 radios

En ocasiones, estos colores pueden variar de tonalidad e incluso su ubicación puede ser algo poco diferente, por lo cual no es extraño que encontremos discrepancias en las versiones de los diversos escritores, las cuales también pueden estar relacionadas a deficiencias en las capacidades clarividentes del propio observador. Incluso si recurrimos a la iconografía clásica de la

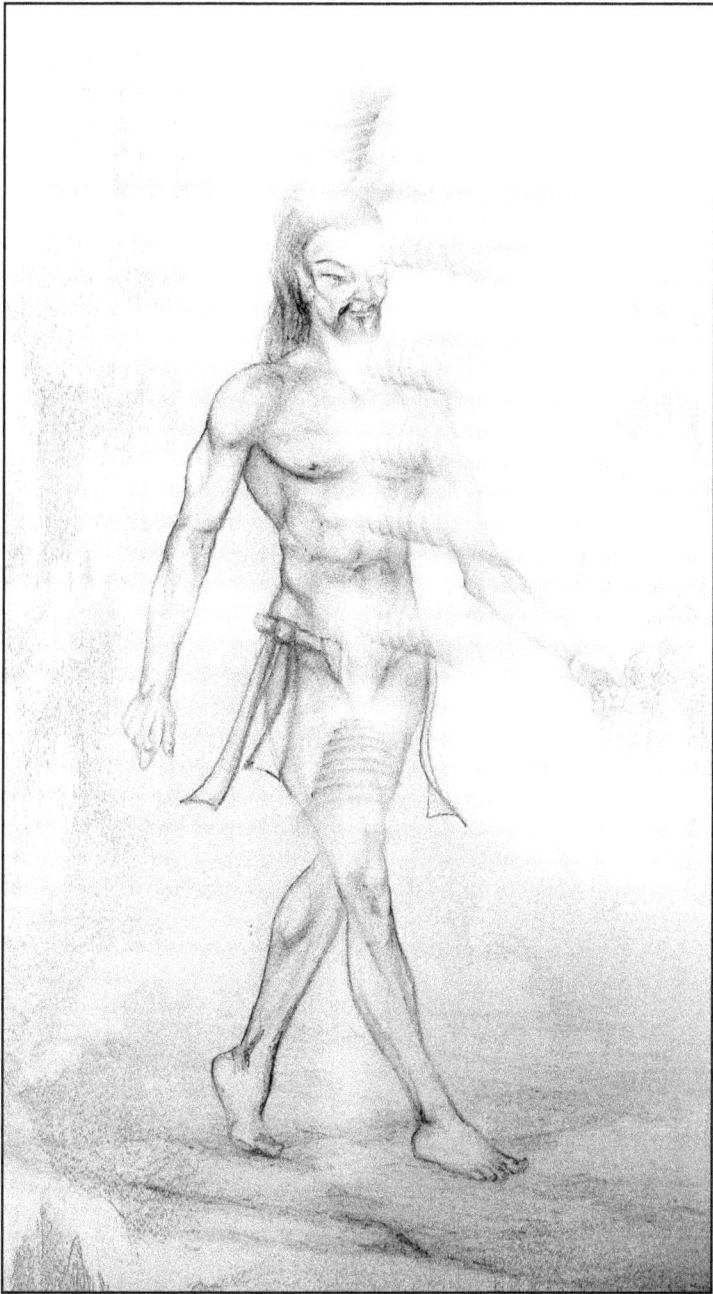

India, podremos apreciar que ésta suele representar a los chakras con otros colores, que están ligados simbólicamente a divinidades, animales y conceptos religiosos propios del hinduismo.

Los canales etéricos o nadis

Los nadis (del sáncrito: "río, torrente") son canales etéricos distribuidos en todo el cuerpo, a través de los cuales fluye el prana. En la terapéutica china, los nadis se relacionan a los "meridianos", mientras que el prana recibe el hombre de "ki" o "chi".

Existen tres nadis principales que se conocen como Ida, Pingala y Sushumna. La interrelación de estos nadis se simboliza con el caduceo de Mercurio.

Sushumna es el más importante de los nadis y se ubica a lo largo de la médula espinal: desde el chakra muladhara hasta el encéfalo.

Dentro de sushuma se halla el Vajra-nadi, dentro de éste el Citrini-nadi y finalmente el Brahma-nadi que es *"tan fino como un hilo de araña"*. Por este diminuto canal es por donde fluye la energía serpentina de Kundalini al ser despertada.

Como revela Manly Palmer Hall: *"En el individuo común, el conducto de sushumna está cerrado, pero gracias al yoga se abre, de modo que se establece una conexión directa entre el sacro-plexo, en la base de la columna vertebral, y la glándula pineal en la cabeza"*. (5)

Ida está relacionado a la Luna, al color blanco y a la polaridad femenina. Nace en el testículo u ovario derecho y recibe prana por la narina izquierda.

Pingala está asociado al Sol, al color rojo y a la polaridad masculina. Nace en el testículo u ovario izquierdo y recibe prana por la narina derecha.

La purificación de los nadis se logra mediante ciertas prácticas yóguicas y ejercicios respiratorios (pranayama). La obstrucción de los mismos desencadena malestares, dolencias y debilitamiento corporal. (6)

Estos tres nadis se encuentran en el chakra del coxis (Muladhara) en un punto que la tradición inda denomina "yukta triveni" (yukta=compromiso y triveni=encuentro de las tres corrientes) y de ahí ascienden por separado cruzándose en cada uno de los centros hasta reunirse en el chakra del entrecejo (Ajna) en un punto conocido como "mukta triveni" (mukta=liberado).

El poder serpentino de Kundalini

Kundalini es una energía espiritual representada por una serpiente que duerme enroscada en el chakra de la raíz (muladhara).

Uno de los principales objetivos de los ejercicios yóguicos y tántricos consiste en prepararnos para el ascenso de kundalini desde el chakra muladhara hasta el tercer ojo (ajna) y de ahí al chakra coronario (sahasrara). (7) Esta preparación consiste en variadas técnicas y prácticas, muchas de ellas respiratorias.

No obstante, todos los instructores advierten sobre el peligro que acarrea un despertar prematuro de la serpiente de fuego:

"Kundalini libera a los yoguis y encadena a los imprudentes". (Hathayoga pradipika)
"Nunca se debería experimentar con kundalini sin tener instrucciones precisas de algún instructor versado en estas cuestiones; porque los peligros son verdaderamente reales y terriblemente graves. Algunos de ellos son puramente físicos. La circulación no regulada de kundalini produce, con frecuencia, agudos dolores físicos, y puede fácilmente rasgar tejidos y hasta destruir la vida física". (Arthur Powell)

En nuestros días, cuando en algunas escuelas ocultistas se minimiza el peligro de Kundalini y se facilitan las técnicas a alumnos sin la preparación adecuada, hay que ser muy cautos y dejar claro que: un ascenso de kundalini prematuro puede acarrear problemas neurológicos, desequilibrios mentales y dolencias corporales.

En palabras de Swami Prabhavananda: *"A menos que se hagan correctamente, hay una buena posibilidad de dañar el cerebro. Y las personas que practican este tipo de respiración sin una supervisión adecuada pueden sufrir una enfermedad que ninguna ciencia o médico conocidos pueden curar"*. (8)

Por esta razón, las prácticas recomendadas para los principiantes son aquellas que tienen como objetivo la armonización de los chakras y no las técnicas respiratorias arriesgadas que presentan irresponsablemente algunas escuelas yóguicas y neognósticas.

Algunos místicos han intentado explicar el despertar de kundalini a través de alegorías y símbolos, dado que esta experiencia mística realmente es indescriptible.

El gran místico Ramakrishna describió el despertar de esta forma: *"Cuando alcancé el estado de conciencia de Dios, alguien, exactamente parecido a mí, vino y sacudió totalmente mis nervios ida, pingala y sushumna. Lamió con su lengua los "lotos" de los seis "centros" y, de inmediato, los caídos pétalos de los lotos se volvieron hacia arriba. Por último, el "loto" del sahasrara floreció en toda su belleza".*

"Cuando Ella despierta, se experimenta a veces, una sensación de hormigueo desde los pies a la cabeza. Hasta que no llega al cerebro, conservo la conciencia, pero en cuanto llega ahí, permanezco muerto para el mundo exterior. Las funciones de ver y oír cesan. Y, ¿quién va a hablar entonces?

La distinción entre "yo" y "tú" se desvanece.

Algunas veces, trato de deciros todo lo que veo y siento cuando ese poder misterioso asciende hasta aquí (señalando el corazón y la garganta). Desde este estado es posible hablar, lo cual yo hago. Pero cuando la kundalini sube más de aquí (señalando la garganta) alguien tapa mi boca, por deciros de alguna forma, y suelto las amarras. Más de una vez me propongo relataros todo lo que siento cuando la kundalini sube más arriba de la garganta pero, cuando pienso en ello, la mente sube de un salto y, ¡el asunto queda terminado!". (9)

Gopi Krishna, un especialista en el tema, señala que su experiencia personal fue *"variable durante muchos años, dolorosa, obsesiva [...] durante un tiempo estuve alternando entre la cordura y la locura".*

Y agrega: *"El calor aumentaba por momentos, provocando un dolor tan inaguantable que me retorcía y me contorsionaba de un lado para otro mientras ríos de sudor frío corrían por mi cara y cuerpo. Pero el calor seguía aumentando y al poco tiempo parecía como si innumerables alfileres candentes corrieran por mi cuerpo, quemando y produciendo ampollas en mis órganos y tejidos como chispas voladoras. Sufriendo una tortura tan insoportable, me apretaba las manos y me mordía los labios para evitar tirarme de la cama y romper a gritar. El latido de mi corazón se hizo más y más tremendo, adquiriendo una violencia tan espasmódica que creí que iba a dejar de latir o explotar. La carne y la sangre no podían aguantar tanta tensión sin ceder en algún momento. Era fácil ver que el cuerpo estaba intentando valientemente luchar contra el veneno virulento que corría veloz a través de los nervios y que fluía en el cerebro. Pero la lucha era tan desigual y la furia que se había desencadenado en mi sistema tan mortífera que no existía ni la menor duda sobre el resultado. Había trastornos tan espantosos en todos los órganos, cada uno tan alarmante y doloroso, que me pregunto cómo conseguí conservar el dominio sobre mí mismo bajo aquel violento ataque. Todo mi delicado organismo estaba ardiendo, consumiéndose completamente bajo la ráfaga ardiente que corría en su interior".* (10)

Otro conocido instructor que despertó el poder de kundalini fue Jiddu Krishnamurti. A este "despertar" sus biógrafos le llaman "el proceso". En una carta de 1924, el hermano de Krishnamurti (Nityananda) escribe a Annie Besant:

"El proceso de Krishna ha dado ahora un definitivo paso

adelante. La otra noche empezó como es habitual, y ninguno de nosotros esperaba nada fresco o nuevo. De repente, todos sentimos un inmenso embate de poder en la casa, mayor que el que yo haya sentido jamás desde que hemos estado aquí; Krishna vio al Señor y al Maestro. [...] Después Krishna me dijo que la corriente comenzó como de costumbre en la base de su espina dorsal y alcanzó la base posterior de su cuello, luego una parte pasó al lado izquierdo y la otra al lado derecho de la cabeza, y por fin se encontraron ambas en la frente; cuando se encontraron, desde su frente surgió una llama. Ese es el desnudo resumen de lo que ocurrió; ninguno de nosotros sabe lo que ello significa, pero el poder era tan inmenso esa noche, que parece señalar una etapa definitiva". (11)

Para evitar que la energía kundalini fluya prematuramente existen una serie de "nudos" o "granthis" que actúan como barreras de contención y están situados en los chakras muladhara (coxis), anahata (corazón) y ajna (entrecejo).

Según el maestro DeRose: *"El objetivo de impedir que la kundalini suba antes del momento justo es proteger al practicante, pues se hace necesario que todo su sistema biológico esté muy bien preparado para soportar el empuje evolutivo. Sus nadis tienen que estar purificados de forma de no haber detritos que bloqueen el flujo formidable de energía de la kundalini. Ese flujo requiere conductos perfectamente desobstruidos, a fin de evitar accidentes. Nuestro método consiste mucho más en desesclerosar los canales pránicos que en estimular la kundalini, pues simplemente desobstruyendo el camino, la energía subirá naturalmente. Al fin y al cabo, la kundalini tiene una constitución ígnea y es propio de la naturaleza del fuego subir. (…) Podemos desatar pacientemente, disciplinadamente, los nudos (granthis) uno a uno, y permitir que la kundalini ascienda por la sushumna con toda la seguridad; o podemos (…) destruir los granthis. El primer procedimiento, desatar los nudos disciplinadamente, ofrece seguridad [mientras que] el segundo, romper los nudos, no es recomendable".* (12)

¿Qué debe hacer el estudiante antes de dedicarse a despertar la energía del kundalini? Simplemente entrenarse y purificarse, y esto implica en primer lugar: **tener puras intenciones**, y luego:

a) Purificar el cuerpo físico
b) Armonizar el cuerpo vital
c) Controlar las emociones
d) Focalizar los pensamientos y controlar la mente

La leyenda de Kundalini

Existe una leyenda entre los orientales que relata que Kundalini, la diosa del fuego serpentino espinal, habiéndose cansado del cielo, decidió visitar la nueva tierra que había sido creada en el mar del espacio. Por lo tanto, bajó por una escala de cuerdas (el cordón umbilical) desde el cielo y encontró una isla (el feto), en el Mar de Meru (los fluidos amnióticos), circundada por las montañas de la Eternidad (el corion), todo lo cual estaba dentro del huevo de Brahma (la matriz de Matripadma). Después de explorar la isla, Kundalini decidió volver a subir la escala otra vez, pero cuando lo iba a hacer, la escala fue cortada desde arriba (el cordón umbilical cortado al nacer) y la isla derivó a lo lejos en el espacio. Teniendo miedo, Kundalini se introdujo en una cueva (el plexo sacro), donde, de acuerdo con ciertas enseñanzas orientales, ella permanece enrollada como la cobra en la cesta del encantador de serpientes, de la cual puede ser atraída únicamente por las tres notas misteriosas de la flauta del encantador. Cuando Kundalini comienza a desenrollarse, asciende como una corriente serpentina de fuego a través de la médula espinal y penetra en el cerebro, donde estimula la actividad del cuerpo pituitario. (13)

> ## "¡Despierta, Madre!" (canción bengalí)
>
> ¡Despierta, Madre, despierta!
> ¡Has dormido mucho tiempo
> En el loto de la Muladhara!
> Cumple tu secreta función:
> ¡Elévate hasta la Sahasrara,
> Donde mora el poderoso Shiva!
> Traspasa raudamente los siete lotos,
> ¡oh, tú, Esencia de la Conciencia,
> Y aleja todos mis pesares!"

Simbolismo del ascenso de Kundalini

La postura vertical de la columna vertebral y el ascenso de la energía serpentina desde la oscuridad de la Tierra (chakra Muladhara) hasta la clara luminosidad del Cielo (chakra Sahasrara) puede ser interpretada también como un símbolo de la peregrinación espiritual, desde las tinieblas a la luz, de lo denso a lo sutil, de la inconsciencia a la conciencia, del sueño a la vigilia.

De este modo, es posible encontrar en el propio cuerpo humano una representación clara del sendero espiritual, donde la columna de 33 vértebras puede ser vista como una escalera iniciática que debe ascenderse con esfuerzo peldaño a peldaño, uniendo la tierra y el cielo, reuniendo de este modo a las dos fuerzas arquetípicas (yin-yang, masculino-femenino, azufre-mercurio, etc.).

Tradicionalmente, los indos llaman a la columna "Mêrudanda" (el bastón de Meru), pues Meru es la montaña sagrada primordial que constituye el "eje del mundo" (axis mundi), forteciendo conceptualmente de este modo la relación microcósmica-macrocósmica. ("Así como es arriba es abajo")

Siendo así, kundalini debe trepar por sushumna y vivificar

cada uno de los chakras, que al ser activados brindan nuevas formas de conocimiento y conciencia. Cada activación de los lotos puede se concebida como una "floración", un despertar primaveral que es consecuencia del simbólico influjo solar.

Sushumna puede ser comparado a una vía férrea con 7 estaciones por la cual debe pasar la reina Kundalini a bordo de un poderoso tren saliendo de Muladhara y llegando a Sahasrara. Sin embargo, para que este tren pueda avanzar sin dificultades deben repararse las vías, colocarse los durmientes, preparar las estaciones para recibir a la reina y finalmente quitar todos los obstáculos que puedan impedir el recorrido.

Imagen simbólica de la reina Kundalini a bordo de un poderoso tren partiendo de la estación Muladhara, hasta la terminal Sahasrara. Para que el tren avance sin problemas, las vías deben estar en condiciones y las estaciones listas para recibir a su majestad.

CAPÍTULO V

El proceso respiratorio

La respiración es un proceso fisiológico que está íntimamente ligado a la renovación energética del organismo, tanto a nivel físico como metafísico, ya que implica tanto la incorporación de oxígeno a la sangre como la asimilación de prana para mantener en buen estado nuestro cuerpo etero-físico y nuestro cuerpo vital.

El principal problema de la respiración radica en que el hombre común no sabe respirar adecuadamente ni aprovechar las propiedades vitalizantes del aire que ingresa a su organismo, y por esa razón es necesario re-aprender a respirar para que este proceso se convierta en *un poderoso revitalizador para la salud, y al mismo tiempo y, sobre todo, en una fuente inexhausta de energía para nuestra mente consciente*. (1)

Es importante, en primer lugar, tomar conciencia del proceso respiratorio, conociendo cada una de sus fases, desde que el aire ingresa a la nariz hasta que el oxígeno pasa a nuestro torrente sanguíneo a través de la acción de los alvéolos pulmonares.

La vida depende de forma absoluta del acto de respirar, y como bien dice Ramacharaka: *"Respirar es vivir. Por más que puedan estar en desacuerdo sobre detalles de teoría y terminología, los orientales y occidentales admiten estos principios fundamentales"*. (2)

La existencia humana en esta encarnación comienza con una inhalación y finaliza con una exhalación, por lo cual queda clara la íntima relación entre la vida física y el proceso respiratorio.

La respiración puede ser considerada la más importante de las funciones corporales, porque de ella dependen sin lugar a dudas todas las demás. El hombre puede subsistir algún tiempo sin beber líquidos, un poco más sin ingerir alimentos sólidos;

pero sin respirar, su existencia se limita a unos pocos minutos. La salud respiratoria está cimentada en el buen manejo del aire –y por ende, del prana– que ingresa a nuestro organismo. Por esta razón, en el Yoga oriental, se llama "pranayama" a las técnicas de respiración que implican asimilación y control consciente del prana.

La vida sedentaria y urbanita, posterior a la revolución industrial, trajo como consecuencia algunas costumbres perniciosas en nuestros hábitos corporales (desde la forma de sentarse, caminar y hasta respirar), haciendo mella en nuestra salud respiratoria.

Al desaprovechar su capacidad pulmonar, el ser humano necesita la compensación de este derroche a través de ejercicios periódicos, para evitar que los desequilibrios energéticos influyan negativamente en su salud corporal.

Muchas escuelas espirituales de Oriente fundamentan su aspecto práctico en el trabajo respiratorio, y por esta razón creemos conveniente que el estudiante tome conciencia de su importancia, tratando de incorporar a su vida diaria hábitos respiratorios más saludables.

Acerca del prana o Chi

La ciencia de la respiración, como muchas otras enseñanzas, tiene un doble aspecto: uno esotérico o interno y otro exotérico o externo. En su faceta fisiológica, la respiración puede ser interpretada como "externa" o "exotérica", mientras que en su relación con el prana y el flujo energético, puede ser asimilada como "esotérica" o "interna".

La sabiduría antigua siempre ha enseñado que en el aire existe una sustancia invisible, indispensable para la vida, la cual ha recibido varios nombres, entre ellos "fuerza vital", "hálito de vida", "chi", "ki" o "prana". En un capítulo anterior pudimos apreciar como esta energía vital era fundamental para la vida humana, ya que la supervivencia del cuerpo denso dependía totalmente de ella.

Advertencias de los Maestros

Aunque los ejercicios de respiración son beneficiosos para el practicante, existen advertencias sobre algunas prácticas avanzadas, que pueden llegar a alterar el equilibrio de las energías corporales y, por ende, repercutir en nuestra salud.

Tal como decía el Maestro Kout-Houmi en una de sus cartas a Alfred P. Sinnett, la imprudencia y el desorden de los ejercicios de control respiratorio *"abre de par en par las puertas a toda clase de influjos de oscura procedencia"*, mientras nos hace *"impermeables a las fuerzas del bien"*. (3) Humphreys comenta esto y afirma que *"cuando el cuerpo no está completamente purificado y falta todavía mucha experiencia, el ejercicio de respiración especial puede llegar a ser muy peligroso. Lejos de contribuir al desarrollo espiritual del estudiante, lleva a éste por los tortuosos caminos de cierto desarrollo psíquico que más vale evitar en esta temprana fase"*. (4)

Repetimos: una respiración consciente es altamente beneficiosa para cualquiera que la practique, mas el desencadenamiento prematuro de energías y fuerzas que desconocemos es muy arriesgado y más que guiarnos hacia la iluminación nos llevará –por el contrario– al hospital, al manicomio e incluso al cementerio.

Inspiración y espiración

La respiración consta de tres partes: una inspiración (en sánscrito pûraka), un intervalo (kumbhaka) y una espiración (rechaka).

El músculo "clave" para comprender este proceso es el diafragma, que separa la cavidad torácica de la abdominal y que tiene forma de paracaídas. Cuando el diafragma se contrae, sus dos cúpulas comprimen el abdomen, causando que la capacidad de la caja torácica aumente. La importancia de este músculo es resaltada por los practicantes de Chi Kung, quienes afirman que *"el diafragma está considerado el director de orquesta del chi interno"*. (5)

Mediante el control consciente del diafragma podemos aumentar la capacidad pulmonar. Normalmente, este músculo mantiene una posición elevada, por lo cual ejerce cierta presión sobre los pulmones. Si logramos que el diafragma descienda apenas unos milímetros mediante los ejercicios respiratorios, la capacidad de los pulmones mejorará ampliamente. En este sentido, un pequeño desplazamiento de dos centímetros implica el ingreso de medio litro más de aire por inspiración.

Entonces: al inspirar, el diafragma se contrae y el aire ingresa al organismo. En la espiración, por el contrario, el diafragma se relaja permitiendo que los pulmones, se deshinchen y expulsen el aire viciado.

Siendo así, vemos que la inspiración es un proceso activo, en el que el movimiento del diafragma permite que entre el aire, mientras que la espiración es pasiva porque simplemente implica la relajación del diafragma y la salida automática del aire por la propiedad elástica de los pulmones. El descenso del diafragma durante la fase de inhalación proporciona un masaje beneficioso sobre las vísceras abdominales. Con inspiraciones más profundas, los beneficios aumentan.

En la mayoría de las prácticas respiratorias la inspiración y la espiración se realizan lentamente por la nariz, siempre haciendo hincapié en no forzar más de la cuenta a nuestro organismo, lo cual podría dañarlo o incluso causar hiperventilación y mareos.

La respiración y los estados de ánimo

La Sabiduría Antigua nos dice que si aprendemos a respirar bien, mejoraremos nuestro estado general de ánimo y nuestro estado mental. Podremos relajarnos, dejar de lado la ira y las emociones negativas, creciendo en armonía.

Por ejemplo, podemos comprobar en nosotros mismos que las características de nuestra respiración es totalmente diferente en momentos de miedo que en circunstancias de euforia y alegría. El temor, la angustia, la impaciencia, etc., nos impiden respirar adecuadamente y eso se traduce en tensiones, dolores musculares y stress.

Antonio Blay explica que *"quien adopta una actitud más o menos permanente de miedo, la persona que no se atreve a enfrentarse con el mundo, que teme a la gente por creer que se reirán de él –miedo al ridículo–, por exagerado sentimiento de su debilidad, etc., y que debido a ello se aísla, tiene una inhalación de aire pequeña, restringida, inhibida, como su actitud psicológica. Por el contrario, la persona agresiva y lanzada presenta una respiración brusca y forzada con muchas retenciones interiores.*

»Cuando estamos concentrados con intensidad sobre algo, disminuimos nuestro ritmo respiratorio y la respiración se hace superficial; en los momentos de máxima concentración retenemos el aire dentro, sin respirar. Si nos preparamos para algo difícil, inhalamos e instintivamente guardamos el aire dentro unos segundos, tanto si se trata de un esfuerzo físico, como levantar un objeto pesado, o de hacer algún esfuerzo violento, como tomar alguna determinación que requiera mucha energía o dominio de uno mismo, por ejemplo, al realizar una visita difícil en el momento de entrar o de llamar a la puerta. Entonces el acto instintivo de inhalar y retener el aire dentro unos momentos nos hace recobrar los ánimos y reunir la decisión necesaria". (6)

Existen ejercicios respiratorios específicos para controlar la ira, el stress o la depresión. Algunos de ellos son bien sencillos e implican simplemente hacer una pausa de 4 minutos para respirar profundamente. Estas prácticas de "respiración controlada" nos dan el tiempo necesario para aislarnos de los problemas o de las tensiones, restaurando además el equilibrio de oxígeno y dióxido de carbono. Para estos ejercicios es importante usar la "respiración completa" que explicaremos en el apéndice.

El sistema respiratorio

Desde un punto de vista estrictamente fisiológico o exotérico, el sistema respiratorio proporciona el oxígeno que el cuerpo necesita y elimina el dióxido de carbono, o gas carbónico, que se produce en todas las células.

La respiración es un proceso involuntario y automático, mediante el cual se extrae el oxígeno del aire inhalado, expulsando a su vez los gases de desecho en la fase de exhalación.

El aire se inhala por la nariz, donde se calienta y humedece, pasando luego a la faringe, que es un tubo musculoso que coopera en el proceso respiratorio, recubierto de sustancia mucosa a la altura del cuello. Por este tubo pasan tanto los alimentos como el aire.

Después de pasar por la faringe, el aire sigue a la laringe, que también es un órgano tubular cartilaginoso que comunica la faringe con la tráquea. Uno de los cartílagos que la conforman es la epiglotis, que impide que los alimentos, los líquidos y la saliva pasen a los conductos respiratorios.

Después de la laringe, el sistema respiratorio continúa con la tráquea, un tubo cartilaginoso y membranoso que une la laringe con los bronquios.

A la mitad de la altura del pecho, la tráquea se divide en dos bronquios que son asimétricos (el derecho es más corto). Éstos son los canales de entrada a los pulmones y se ramifican en bronquios secundarios, terciarios y finalmente en los llamados bronquiolos, que son unos 250.000.

Al final de los bronquiolos se agrupan en racimos los alvéolos, pequeños sacos de aire, donde se realiza el intercambio de gases con la sangre. Los pulmones contienen aproximadamente 300 millones de alvéolos, los cuales desplegados ocuparían una superficie de 70 metros cuadrados, unas 40 veces la extensión de la piel.

Los alvéolos pulmonares tienen a su vez unas bolsas más pequeñas o vesículas pulmonares, que están rodeadas de una multitud de capilares por donde pasa la sangre y al realizarse el intercambio gaseoso se carga de oxígeno y se libera de CO_2.

Los pulmones son dos masas esponjosas de color rojizo, situadas en el tórax a ambos lados del corazón, el derecho tiene tres partes o lóbulos; el izquierdo tiene dos partes. La pleura es una membrana de doble pared que rodea a los pulmones.

Como vimos antes, la respiración cumple con dos fases sucesivas: la inspiración (donde el diafragma se contrae) y la espiración (cuando se relaja), penetrando aire a la caja torácica y llenando los pulmones.

La respiración en esta faceta exotérica consiste en tomar oxígeno del aire y desprender el dióxido de carbono que se produce en las células.

Tiene tres fases:

1) Intercambio en los pulmones

2) El transporte de gases

3) La respiración en las células y tejidos

El aire entra en los pulmones y sale de ellos mediante los movimientos respiratorios que son dos, como ya vimos anteriormente:

Respiramos unas 17 veces por minuto y cada vez introducimos, en la respiración normal, medio litro de aire. El número de inspiraciones depende de nuestro estado físico, de nuestra edad, de nuestros hábitos, etc.

Cuando el aire llega a los alvéolos, parte del oxígeno que lleva atraviesa las finísimas paredes y pasa a los glóbulos rojos de la sangre. Y el dióxido de carbono que traía la sangre pasa al aire. Así la sangre se enriquece en oxígeno y se empobrece en dióxido de carbono. Esta operación se denomina "hematosis". El oxígeno tomado en los alvéolos pulmonares es llevado por los glóbulos rojos de la sangre hasta el corazón y después distribuido por las arterias a todas las células del cuerpo.

El dióxido de carbono es recogido en parte por los glóbulos rojos y parte por el plasma, y transportado por las venas cavas hasta el corazón y de allí es llevado a los pulmones para ser arrojado al exterior.

El presente capítulo se complementa con los diferentes ejercicios respiratorios que aparecen en el apéndice.

CAPÍTULO VI

El cuerpo emocional o astral

Mientras que el cuerpo físico le permite al ser humano moverse y desarrollarse en el plano físico, y el cuerpo vital se nutre del elemento pránico para vitalizar al vehículo más denso, el cuerpo emocional se manifiesta en un plano más sutil que rodea y penetra el mundo físico, conocido como "plano astral" y que tiene varios grados de sutilidad diferenciados en dos grandes divisiones: el alto astral y el bajo astral.

El cuerpo emocional es el vehículo de conciencia en el que se manifiestan todas las pasiones y deseos animales. Este vehículo a la visión clarividente aparece rodeando al cuerpo físico con un aura de colores centelleantes. Según Arthur Powell: *"En la inmensa mayoría de las personas es apenas algo más que una masa amorfa de materia astral, los movimientos y actividades de la cual no están todavía bajo el dominio del hombre real, o sea, el Ego. En algunos, sin embargo, el cuerpo astral es un vehículo bien desarrollado y completamente organizado, que posee vida propia y que confiere a su poseedor muchos y útiles poderes".* (1)

En la noche, mientras el cuerpo etero-físico descansa, la conciencia humana se desarrolla en el vehículo emocional a través de sueños y vivencias astrales. Mientras el profano descarta sus sueños por considerarlos fantasías inútiles, el discípulo sabe que todos los detalles que se rescaten de las experiencias oníricas pueden contener valiosas pistas y mensajes de nuestro subconsciente. Algunas personas consideran que es una buena idea tener en la mesa de luz un cuaderno para escribir sus sueños, para encontrar en ellos recurrencias y mensajes escondidos.

En la medida que el hombre evoluciona, se va haciendo más consciente de sus experiencias astrales y sus sueños, hasta alcanzar la conciencia constante, que implica la presencia consciente y continua de nuestro verdadero "Yo" tanto en el período de sueño como en la vigilia.

El desdoblamiento astral

El cuerpo astral puede separarse del cuerpo físico voluntaria, o involuntariamente, en un fenómeno conocido como "desdoblamiento astral" o "viaje astral".

Pavri explica que: *"En estado de vigilia las actividades astrales –cambio de colores, etc.–, se manifiestan en y alrededor del cuerpo físico; pero cuando se halla dormida, el cuerpo astral se desliza fuera y, con el verdadero ser dentro de sí, flota en el aire sobre el cuerpo físico que descansa en la cama. En una persona de tipo no desarrollado, el separado cuerpo astral es una masa amorfa e irregular que semeja el bulto de una nube de feos colores. No puede alejarse del cuerpo físico y es inútil como vehículo de conciencia. El hombre dentro de él está en una condición somnolienta, casi tan dormido en su astral como en su físico. Si ocurriese algo que perturbe su cuerpo físico, éste despertará y el cuerpo astral entrará rápidamente en él. El cuerpo astral de un hombre ordinario dormido, asume la semejanza del físico, pero tal hombre no puede trabajar conscientemente en el plano astral".* (2)

Sabemos que el cuerpo astral se separa durante nuestro sueño nocturno, pero un desdoblamiento controlado implica el correcto manejo de técnicas mediante las cuales se puede "montar el sueño" y salir voluntariamente del cuerpo físico, permitiéndonos comprobar experimentalmente la supervivencia de la conciencia más allá del cuerpo material.

A esto se refería Swami Prabhupada al señalar que: *"Gastamos millones y millones de dólares en construir naves espaciales, sin saber que tenemos la capacidad de desplazarnos a donde queramos sin tener que pagar".* (3)

Los Maestros pueden proyectarse astralmente en cualquier

momento y a voluntad porque han logrado un dominio total de su vehículo astral.

Los ejercicios de proyección astral no son peligrosos en sí mismos, pero tampoco son aconsejables para los novatos porque requieren el control de otras técnicas más básicas como la relajación, la concentración, la respiración y, sobre todo, la visualización.

El cuerpo astral está unido a los cuerpos físico y vital por medio de un hilo sutil llamado en ocasiones "cordón de plata", que cumple un papel similar al del cordón umbilical que une la madre al bebé y que finalmente se rompe cuando la vida biológica llega a su culminación.

La tradición destaca que el cordón plateado se alarga por kilómetros cuando el vehículo astral se desplaza lejos del físico, ya que no está sujeto a las leyes de la materia física.

Los chakras astrales

En el cuerpo astral –al igual que en el cuerpo vital– existen vórtices energéticos llamados "chakras", que en su terminología clásica son llamados de la misma manera que los chakras del cuerpo pránico, lo cual suele generar algunas confusiones.

La ubicación de los chakras astrales y los chakras vitales es casi la misma, y en ambos casos existe una relación directa con algunas glándulas del cuerpo físico, lo cual ha sido investigado detenidamente por algunos autores de la tradición oculta.

A modo informativo, señalaremos las funciones tradicionales de los chakras astrales que han señalado algunos autores eminentes en relación al pasaje del fuego serpentino:

Nombre	Ubicación	Dominio	Planeta (4)
Muladhara	Genito-urinario	Tierra	Saturno
Swadisthana	Raíz de genitales	Agua	Júpiter
Manipura	Plexo solar	Aire	Marte
Anahata	Corazón	Fuego	Venus
Vishudda	Garganta	Éter	Mercurio
Ajna	Entrecejo		Luna
Sahasrara	Coronilla		Sol

El desarrollo de cada uno de los chakras astrales otorga mayor sensibilidad astral, se vincula con el desenvolvimiento de los poderes psíquicos y brinda la posibilidad de establecer vínculos con entidades sutiles del plano astral.

Es importante señalar que algunos autores incluyen al chakra del bazo como uno de los siete principales, pero la tradición oriental es unánime al indicar que este centro es secundario y que los autores occidentales que difundieron esta noción (Leadbeater, Powell, etc.) no tenían intención de dar toda la información para la ubicación exacta de los siete centros, ya que creían que el conocimiento preciso de la energía serpentina de Kundalini era más nocivo que beneficioso para el mundo occidental. (5)

El deseo y el placer

El cuerpo emocional es un vehículo teñido de ese deseo que nos empuja hacia afuera, hacia los objetos de sensación. Una de las funciones de este cuerpo es convertir en sensaciones las vibraciones que se captan del mundo físico a través de los cinco sentidos.

La mayoría de las impresiones que recibimos del exterior son neutras, es decir que no son ni agradables ni desagradables. Sin embargo, cuando nos sentimos "atraídos" hacia algún objeto de sensación externa sentimos el deseo de repetir la experiencia y del mismo modo, con respecto a los objetos que nos causan repulsión, deseamos evitarlos.

Este es el funcionamiento básico del deseo, a través de la "atracción" (agradable) y "repulsión" (desagradable). Los hedonistas (aquellos que supeditan toda su existencia en torno al placer) confunden "satisfacción del deseo" con "felicidad", lo cual los arrastra a una sucesión de deseos que nunca termina. No obstante, la Sabiduría Antigua es clara al advertir que el deseo nunca puede ser satisfecho en su totalidad y que, en sí mismo, genera más dolor que felicidad plena.

Otro aspecto importante es diferenciar "deseo" de "placer". Los sentimientos de placer son absolutamente normales y la represión de los mismos causa insatisfacción y desdicha. No obstante, el apego por el placer y la negación del dolor suele ser más nocivo que beneficioso para nuestro progreso espiritual.

Dicho de otro modo, el placer es lícito y saludable en la medida que no perdamos el control de nuestra vida en la búsqueda irreflexiva de la satisfacción de los deseos a toda costa. Por eso, el antiguo texto "La Voz del Silencio" es muy claro al instarnos a *"matar el deseo".* (6)

Aquel que es lo suficientemente fuerte como para escapar al deseo es –en la terminología oriental– un "vairagi" (desapasionado), mientras que en Occidente es conocido como "estoico" en alusión a dicha escuela filosófica romana que enseñaba la "ataraxia".

¿Qué es la ataraxia? Según los antiguos, esta palabra significaba "ausencia de turbación" o "tranquilidad del Alma", es decir un estado de ánimo que implicaba imperturbabilidad y equilibrio emocional, alcanzable a través de la Virtud.

El sabio Epicteto enseñaba que *"nuestros deseos y aversiones son soberanos veleidosos que reclaman satisfacción. El deseo nos ordena correr y coger lo que queremos. La aversión insiste en que evitemos las cosas que nos repelen.*

»Es bastante común que nos decepcionemos cuando no conseguimos lo que queremos y que nos aflijamos cuando logramos lo que no queremos.

»En cambio, si evitas sólo las cosas indeseables que son contrarias a tu bienestar natural y que están bajo tu control, nunca te verás envuelto en algo que no quieras realmente. [...]

»El deseo y la aversión, aunque poderosos, no son más que hábitos. Y podemos ejercitarnos en tener mejores hábitos. Restringe el hábito de verte rechazado por todas esas cosas que escapan a tu control y céntrate, en cambio, en las cosas nocivas que sí puedes combatir.

»Haz todo lo que esté en tu mano para refrenar el deseo. Pues si deseas algo que escapa a tu control, seguramente acabarás decepcionado; mientras, estarás descuidando las cosas que están bajo tu control y que son merecedoras de deseo". (7)

Mientras que los profanos fundamentan toda su existencia en la dicotomía placer-dolor, relacionando la felicidad con la satisfacción del placer y la huida del dolor, los discípulos logran colocarse por encima de esta dualidad y cimentan su vida en lo Bueno, lo Justo, lo Bello, lo Verdadero, siendo conscientes que el placer y el dolor no pueden ignorarse ni evitarse. Luego de años de búsqueda espiritual, Buddha comprendió finalmente que **existe el dolor** y trató de encontrar un remedio para superarlo, pero siempre tuvo en cuenta que: aunque el dolor es inevitable, el sufrimiento es opcional.

El cuerpo astral comprende toda la naturaleza pasional y emocional de hombre, todos los deseos animales (hambre, sed, deseo sexual), las pasiones (odio, envidia, etc.) y los anhelos materiales.

La purificación del vehículo emocional se logra a través de la auto-observación y el control del deseo (lo cual no implica reprimirlo sino transmutarlo) y esta es una de las tareas primordiales de los aspirantes y discípulos de la sabiduría: lograr que la voluntad tome las riendas en detrimento del deseo.

Tanto la voluntad como el deseo nos impelen a actuar, pero mientras que la primera nos ayuda a canalizar todos nuestros esfuerzos para encontrar nuestro Propósito en la vida, el deseo nos confunde, disipando nuestras energías y manteniéndonos ocupados con placeres pasajeros que nos atan a lo mundano y nos alejan de nuestra esencia.

El control de las emociones

En un próximo capítulo estudiaremos las emociones con detenimiento, pero por el momento nos basta con saber que éstas surgen de una interrelación del deseo y el pensamiento. Sabemos que el deseo está fundamentado en la atracción y la repulsión hacia los objetos de sensación, y que la memoria lo auxilia en identificar, por medio del recuerdo, las experiencias pasadas relacionadas con dichos objetos.

Siendo así, todas las emociones se basan en dos "emociones-raíces", relacionadas con la atracción (deseo de unión con el objeto de sensación) y la repulsión (deseo de separación con el objeto de sensación).

Un buen comienzo para controlar las emociones y, por ende, "domesticar" o "purificar" nuestro cuerpo emocional, es aprender a disociarnos conscientemente de este vehículo para poder objetivar y analizar sus manifestaciones.

Como bien expresa Taimni, es imprescindible *"aprender a disociarnos de nuestros deseos, emociones y sensaciones, y a colocarnos por encima de ellos, para poder controlarlos. Cuanto más completemos esta preparación preliminar, más permanente y fácil será nuestro dominio sobre esas actividades de nuestro cuerpo emocional. El desarrollo de esta facultad de disociación requiere en primer lugar constante recogimiento, y, en segundo lugar, observación y reflexión. Todos estamos acostumbrados a dejar que nuestros deseos y emociones jueguen libremente en nuestra vida, y sólo por rareza, cuando la agitación adquiere grado extraordinario, nos damos cuenta de cuánto nos dominan y de nuestra incapacidad para controlarlas. Recogimiento significa poner bajo observación nuestro cuerpo emocional con sus fluc-*

tuantes deseos y emociones, y vigilar constantemente su funcionamiento". (8)

Esta atención consciente, esta práctica importantísima de auto-observación implica detectar, analizar y reflexionar sobre los resortes ocultos que hacen aflorar tal o cual emoción. Esta tarea detectivesca de rastreo interno suele ser removedora y definitivamente útil para aquellos que desean conocerse a sí mismos.

Este ejercicio debería ser practicado por todos nosotros diariamente, pues en nuestra vida cotidiana es donde se encuentra el "gimnasio psicológico" para crecer interiormente y para purificar nuestros vehículos. Estas concepciones –de naturaleza teórica– solamente pueden ser corroboradas mediante la práctica y la auto-observación, detectando en nuestra propia experiencia diaria la influencia de nuestros deseos y aversiones.

Es fundamental tener en cuenta que no se trata de reprimir las emociones o los deseos, ya que en sí mismos, éstos constituyen una fuerza que debe agotarse, y por lo tanto es necesario tener conciencia de que no van extinguirse por sí mismos.

Sin esta consideración las fuerzas vitales que actúan sobre nuestra salud pueden ser alteradas y causar daños irrecuperables. La psicología se refiere a estos temas considerando la sublimación de los deseos. En otros términos, se trata de resolver y desviar de su fin la energía de un impulso inferior dirigiéndolo hacia fines más nobles, más elevados.

Esto sólo puede lograrse cuando se ha llegado al centro mismo de la emoción, "enfrentando" a la causa misma que la ha originado, sometiéndola impersonalmente a examen, y a través del discernimiento, encaminar esa fuerza hacia objetivos superiores.

Cuento: El cielo y el infierno del samurai

Un joven samurai que recién había terminado su entrenamiento, tenía algunas dudas acerca de su oficio. Para resolverlas efectuó una visita a un viejo monje, famoso por su sabiduría.

"Hola, viejo maestro", lo saludó cuando estuvo frente al monje, y planteó sus problemas: "¿Existen realmente el cielo y el infierno?"

El maestro respondió con otra pregunta: "¿Quién eres?"

"Soy un samurai", respondió orgullosamente el joven.

"¡Cómo!", exclamó el maestro. "¿Tú eres un guerrero? ¡Pero si pareces un niño!... ¿Y además andas con una espada? ¡Seguro que eres tan débil que no la puedes levantar!"

Furioso, el joven desenvainó su sable y amenazó al monje, exclamando: "¡Ya vas a ver, viejo loco!"

Sin inmutarse, el maestro bajó los ojos: "¿Ves? Aquí se abren las puertas del infierno", dijo.

Anonadado por una repentina lucidez, el samurai bajó la espada y se inclinó pidiendo disculpas al maestro.

"Y aquí", comentó entonces el monje, "se abren las puertas del cielo".

CAPÍTULO VII

La mente de deseos

La Sabiduría Antigua habla de una mente dual, un punto de unión entre la Tríada Superior y el cuaternario inferior. De acuerdo con esta idea, la mente superior (Manas) está relacionada con los procesos del pensamiento abstracto, mientras que la mente inferior (Kama-manas) se vincula con el pensamiento concreto.

Antes de describir y analizar a Kama-manas (la mente de deseos) es importante revisar las concepciones científicas sobre la mente y su relación con el cerebro. Desde una perspectiva científico-materialista, mayoritaria en nuestra civilización moderna se supone que:

$$\text{Procesos mentales} = \text{Procesos cerebrales}$$

Y teniendo en cuenta que esta perspectiva materialista considera que los procesos cerebrales consisten en simples transmisiones eléctricas y estímulos basados en sustancias químicas, la mente queda reducida a materia, pero con la particularidad que es materia que se analiza a sí misma.

Esta postura –que circunscribe la psicología a la neurofisiología y a procesos electroquímicos– recibe el nombre de "reduccionismo monista" porque reduce a términos físicos y biológicos todos los fenómenos mentales.

En la otra punta del pensamiento científico, están los dualistas, que establecen que:

$$\text{Procesos mentales} \neq \text{Procesos cerebrales}$$

En otras palabras, esto implica que la mente y el cerebro deberían ser considerados como dos cosas diferentes. Esta corriente del "dualismo neurofisiológico" ha sido defendida por el Premio Nobel de medicina John Eccles y el filósofo Karl Popper.

En este sentido, la postura dualista se acerca a las enseñanzas de la Filosofía Perenne, que –desde tiempos inmemoriales– ha establecido una distinción entre la mente y el cerebro, el cual se considera un instrumento físico para que la mente pueda establecer contacto y actuar en este plano material. Por eso, Atkinson consideraba al cerebro como una especie de "transformador": *"El cerebro no puede crear; su oficio es meramente "transformar" o "convertir" una energía existente en formas y fases usables. La ciencia conviene en la creencia de que en todo procedimiento cerebral existe el empleo de alguna especie de energía y una "combustión" de sustancia cerebral. Así como hay una constante "combustión" de los elementos de una batería eléctrica en la producción de la electricidad, también la hay de materia cerebral en la producción de actividad mental".* (1)

Taimni considera que *"cuando el deseo crece, usa siempre la mente para lograr sus fines, para idearse medios de satisfacerlos, y durante mucho tiempo la mente inferior no es más que una servidora o esclava del deseo"* (2), lo cual puede revertirse fortaleciendo la mente a través de la auto-observación, para que ejerza un control mayor sobre el cuerpo emocional.

Interpretación y formas de pensamiento

La principal función de la mente de deseos es interpretar las sensaciones provenientes del medio circundante y convertirlas en percepciones, las cuales se combinan y almacenan en nuestra memoria. De este modo, la memoria nos ayuda a identificar objetos y circunstancias, las cuales, teñidas por el deseo, se convierten en "deseables" (atracción), "indeseables" (repulsión) o "neutras".

Y entonces: *"al multiplicarse las experiencias en la vida del individuo, sigue aumentando el número de imágenes de objetos que se acumulan en el almacén de su memoria; y gradualmente empieza la mente a elaborar estas imágenes de maneras diferentes; las arregla y las reagrupa; las clasifica y las compara; y así evolucionan, una tras otra, nuestras diversas facultades mentales de razonamiento, juicio y demás"*. (3)

Un punto a destacar es que la percepción NO ES la realidad sino una conclusión a la que hemos llegado de acuerdo a la información proveniente de nuestros órganos sensoriales. Dicho de otro modo, nuestros sentidos no nos pueden transmitir la totalidad de la realidad porque poseen límites y carencias evidentes para su captación, las cuales han sido analizadas en un capítulo anterior. De este modo, una mente de deseos "ingenua" puede llegar a creer que las sensaciones que recibe a través de sus órganos son la única realidad, lo cual es una ilusión y una falacia que los materialistas se empeñan en perpetuar. A esto se refiere la Sabiduría Arcaica cuando habla del "mundo de la ilusión". Si somos verdaderamente conscientes podremos llegar a la conclusión de que los objetos materiales que apreciamos son meras acumulaciones de átomos y que su aparente "solidez" es un espejismo.

William Arntz explica: *"El cerebro pinta todo lo que ves. Digamos, por ejemplo, que estás mirando un bosque. Tu cerebro pinta realmente cada hoja de cada árbol que ves y lo hace asociando recuerdos, o redes neuronales, y poniéndolo todo junto de un modo u otro"*. (4)

Entendámoslo bien: los ojos son una ayuda sensorial del cerebro, mientras que el cerebro es una herramienta de la mente, es decir que lo físico está supeditado a procesos metafísicos.

La mente de deseos crea "formas de pensamiento" o –dicho de otra manera– cada pensamiento produce una forma que está compuesta por materia astral y mental. Siendo así, cada pensamiento genera dos efectos:

a) Una vibración radiante.

b) Una forma flotante.

Esta forma de pensamiento puede durar mucho tiempo, dependiendo de varios factores, entre ellos:

"a) La intensidad inicial.

b) La fuerza que reciba posteriormente por la repetición del pensamiento, sea por su originador o por otros. Tal vida puede ser reforzada constantemente, mediante la repetición; pues un pensamiento sobre el que se reflexiona adquiere gran estabilidad de forma. Además, atrae formas mentales de carácter similar". (5)

Las formas de pensamiento, creadas consciente o inconscientemente, se convierten –dependiendo de su fuerza e intensidad– en una especie de entidades vivientes que existen independientemente de su creador, pudiendo influir en forma positiva o negativa en otras personas, más allá de las distancias.

De esta forma se entiende el axioma rosacruz que afirma que "Los pensamientos tienen alas" y que establece las bases para la práctica metafísica de proyección consciente de pensamientos para diversos fines.

Ciertamente, todas las personas dejan en su entorno un conjunto de formas de pensamientos positivas o negativas. La visita a lugares lúgubres y entornos sórdidos, habitualmente relacionados con "malas vibraciones" puede causar malestar y enfermedades a las personas sensibles sin preparación, mientras que un discípulo entrenado sabrá establecer una defensa psíquica a modo de "barrera" para ser inmune a estas nefastas influencias.

La poderosa influencia de ciertos líderes carismáticos como Hitler, Stalin, Mao, etc., puede explicarse –entre otros factores– por la generación y reforzamiento consciente de formas de pensamiento grupales conocidas como "egrégores". Estas formas, nutridas por pensamientos de grandes masas, suelen poseer referentes energéticos en la forma de símbolos poderosos, que son fundamentales para la retroalimentación del colectivo. El fanatismo ciego de las actuales parcialidades de algunos equipos de fútbol puede explicarse también metafísicamente por la acción de estos egrégores.

La visualización creativa, una técnica valiosísima a la hora de plasmar nuestro Proyecto de vida y para influir positivamente en el mundo, con la construcción de imágenes definidas, está cimentada en la generación de estas sutiles formas de pensamiento.

Sir Francis Galton afirmó que *"el acertado uso de una poderosa facultad de visualización tiene suma importancia en el superior proceso de influencia mental. Una imagen visual es la más perfecta modalidad de representación mental siempre que se trate de la figura de los objetos y de su posición en el espacio.*

»Los mejores operarios son los que al empuñar las herramientas ya tienen trazado en su mente el plan de la obra que han de realizar. Los artistas, los estrategas, los investigadores, cuantos repugnan hacer las cosas de rutina, necesitan forjar de antemano la imagen de su labor". (6)

Unas líneas de Antonio Blay

"Nuestra mente se ha acostumbrado a funcionar de un modo muy tenso, muy acelerado, crispado y superficial, porque necesita estar constantemente atendiendo necesidades y exigencias del exterior, y como en estas necesidades y exigencias van involucradas cosas de valor para la persona —incluso de mucho valor—, la persona no sólo pone interés e inteligencia en la solución de sus problemas, sino que también pone miedo, ansia, y, a veces, desesperación. Esto hace que la mente ya no funcione en su capacidad puramente intelectual sino que quede envuelta por estos mecanismos afectivos que la traban. Del mismo modo que si pusiéramos unos objetos dentro de los engranajes de una maquinaria la trabarían, también todos los miedos, las impaciencias, las angustias, son verdaderos obstáculos que impiden el normal funcionamiento de nuestra maquinaria mental.

»Esto sucede porque nuestra mente se ha acostumbrado a funcionar así, se ha acostumbrado a buscar continuamente, a pasar de un objeto a otro con rapidez, sin ahondar, sin sopesar las cosas con profundidad, con serenidad, y está corriendo siem-

pre al galope, de tal manera que cuando queremos imponerle el silencio no lo conseguimos; la mente va por su propio camino y adquiere autonomía, y muchas veces nos cuesta trabajo seguirla. Por eso, la mente, que es el medio de conocimiento, el medio de toma de conciencia, como habitualmente funciona con un ritmo acelerado, superficial y distorsionado, se convierte en un obstáculo cuando queremos manejarla para ahondar en nosotros, para contactar con lo que pueda existir de positivo en nuestro interior. Y cuando la persona quiere ahondar se encuentra con que no puede; cuando quiere concentrarse se encuentra con que la mente «se le va», se le escapa. La persona no es capaz de contactar con su propio interior porque nunca se ha interesado por ello, no se ha educado en esta dirección". (7)

Control y purificación de la mente de deseos

"La Mente es la gran Destructora de lo Real. Sea el Discípulo el destructor de la Destructora", reza la obra tibetana "La Voz del Silencio". (8) Sin embargo, Ramiro Calle nos enseña con lucidez que:

* La misma mente que es enemiga, puede ser amiga.

* La misma mente que es un obstáculo, puede convertirse en aliada.

* La misma mente que ata, es la que libera.

* La misma mente que es un impedimento, es una preciosa herramienta para la autorrealización. (9)

Para que la mente pase a ser nuestra aliada, debemos domesticarla, utilizando las antiguas técnicas para el control mental que nos ha legado la Tradición Perenne. Dichas técnicas son similares a las que utilizamos para el control del cuerpo emocional, pues existe una estrecha relación entre ambos. Como hemos visto, el deseo desencadenado por las fuerzas propulsoras de atracción o repulsión, incitan a la mente a determinar su acción con el objeto deseado.

La mente fija los planes y mueve al cuerpo a la acción que satisfaga las ansias del deseo, atrayendo o rechazando el objeto de placer o dolor. El deseo estimula los esfuerzos mentales y en las primeras etapas del desarrollo del hombre la mente suele ser esclava del deseo.

El primer paso en la domesticación de nuestra mente consiste en objetivarla y concebirla como algo separado a nosotros. Del mismo modo que podemos entender que "no somos el cuerpo físico", debemos comprender que "tampoco somos la mente". Objetivándola la ponemos bajo nuestra lupa para poder observarla y tomar conciencia de la generación de nuevos pensamientos, descubriendo además la relación íntima existente entre el cuerpo astral y la mente de deseos.

Luego de objetivar la mente, debemos trabajar en la concentración, practicando los ejercicios de "tratak" que se enseñan en el apéndice de la presente obra e intentando concentrarnos en nuestras tareas diarias, trabajando conscientemente en el "aquí y ahora". De este modo tomaremos nota de los intentos de la mente de deseos por escapar de cualquier forma de disciplina, pidiendo auxilio al cuerpo emocional y juntos intentarán distraernos con todo tipo de estímulos externos.

Erich Fromm dice que *"el que la concentración es condición indispensable para el dominio de un arte no necesita demostración. Muy bien lo sabe todo aquel que alguna vez haya intentado aprender un arte. No obstante, en nuestra cultura, la concentración es aún más rara que la autodisciplina. Por el contrario, nuestra cultura lleva a una forma de vida difusa y desconcentrada, que casi no registra paralelos. Se hacen muchas cosas a la vez: se lee, se escucha la radio, se habla, se fuma, se come, se bebe. Somos consumidores con la boca siempre abierta, ansiosos y dispuestos a tragarlo todo: películas, bebidas, conocimiento. Esa falta de concentración se manifiesta claramente en nuestra dificultad para estar a solas con nosotros mismos. Quedarse senta-*

do, sin hablar, fumar, leer o beber, es imposible para la mayoría de la gente. Se ponen nerviosos e inquietos y deben hacer algo con la boca o con las manos". (10)

Los tres puntos que Fromm señala como "indispensables" para desarrollar un arte (concentración, disciplina y paciencia) pueden aplicarse perfectamente a este "arte del control mental".

Además de la concentración, otro elemento importante en el trabajo con la mente está relacionado con los pensamientos que llegan a nosotros. Un ambiente caótico y extremadamente profano puede arrastrarnos en su mundanalidad si no sabemos cómo protegernos. En las grandes ciudades, miles de formas de pensamiento de todo tipo vuelan a nuestro alrededor, pero si nuestra voluntad es férrea y sabemos construir una barrera protectora contra estas influencias, saldremos inmunes de cualquier contacto metafísico con estas entidades mentales.

Es absolutamente necesario que seleccionemos la lectura, las películas y los programas de televisión que llegan a nosotros, los cuales no solamente nos contaminan mentalmente sino que además nos llevan a desaprovechar el valioso tiempo que necesitamos para crear un proyecto de vida sólido y llevarlo adelante, emancipándonos verdaderamente del rebaño y del mundo de la ilusión.

Es importante elegir con atención los alimentos que recibe nuestra mente del mismo modo que deberíamos seleccionar los alimentos que recibe nuestro cuerpo físico. En una sociedad sobresaturada de información, nuestra mente de deseos puede ser envenenada lentamente con la televisión basura, el "Gran Hermano", la prensa rosa, la crónica policial, la publicidad engañosa, las noticias deportivas, etc.

También sucede que en nuestra mente suelen presentarse pensamientos no deseables, los cuales pueden ser propios o ajenos. En ambos casos, los mismos no deben ser reprimidos sino transmutados en formas de pensamiento más elevadas y nobles. Los malos pensamientos, o su represión, generan negatividad, desarmonía y pueden llegar a provocar enfermedades y un mal ambiente familiar o laboral. Muchas veces estos malos pensamientos surgen de rencores por acciones pasadas que no nos permiten avanzar. Para superar estos venenos y liberarnos de esa pesada carga debemos: comprender y perdonar (o perdonarnos). Sin el perdón seguiremos atados a dramas pretéritos y a emociones que harán vibrar a nuestro cuerpo emocional y a nuestra mente de deseos, impidiéndonos avanzar hacia estados de conciencia más elevados.

Para evitar que se "cuelen" pensamientos perjudiciales debemos estar atentos y presentes en el "aquí y ahora" en todo momento, auto-observándonos y evitando todo pensamiento impuro o negativo.

La mejor forma de evitar caer en la negatividad es cultivar el pensamiento positivo, lo cual es diferente al optimismo. Mientras que el optimista "espera" que las circunstancias sean mejores, el positivo concibe, visualiza y trabaja, haciendo todo lo necesario para "atraer todas las cosas buenas" que le permitirán llevar a cabo su proyecto de vida.

Existen afirmaciones positivas que nos pueden ayudar a mejorar nuestra autoestima, fortaleciendo nuestra confianza, haciendo que la llamada "Ley de Atracción" entre en funcionamiento y nos permita encarar de un mejor modo las dificultades que puedan presentarse en el día a día. Algunos estudiantes dedican unos momentos matinales a realizar este tipo de afirmaciones, que alimentan beneficiosamente a nuestro subconsciente y que nos preparan para afrontar las pruebas del quehacer cotidiano.

Lo malo es que muchos estudiantes se dedican a "jugar a ser positivos" pronunciando superficialmente sus afirmaciones u oraciones diarias, aunque a la menor oportunidad ingresan en su vorágine cotidiana de chismes, comentarios maledicentes y críticas destructivas. Por esta razón hemos afirmado en más de una ocasión que debemos esforzarnos por **imitar a las salamandras**, que pueden vivir en el fuego sin quemarse, para alcanzar de este modo la imperturbabilidad.

CAPÍTULO VIII

La alineación de los vehículos

En los capítulos precedentes hemos abordado el tema de la constitución septenaria, explicando además que el trabajo de los estudiantes debe comenzar por la purificación de los vehículos del cuaternario inferior, estableciendo de este modo una base sólida que nos permita alcanzar la Iniciación.

Los vehículos del cuaternario pueden relacionarse simbólicamente con los cuatro elementos de la filosofía antigua, a saber:

Cuerpo Físico – Tierra

Cuerpo Vital – Agua

Cuerpo Emocional – Aire

Mente de Deseos – Fuego

Este es el esquema de trabajo interno que proponemos en nuestras obras y que es común a todas las escuelas de misterios menores, que brindan diversas herramientas para que cada ser humano purifique su cuerpo etero-físico, armonice su cuerpo vital, transmute sus deseos y concentre sus pensamientos.

A esta labor de ordenar y "purificar" estos cuatro cuerpos la llamamos "alineación" y consiste en convertir a cada vehículo de la personalidad en un instrumento eficaz a las órdenes del Yo Superior.

De este modo, "alineando" correctamente los cuatro vehículos nos ubicaremos frente a la puerta de la Iniciación que –una vez abierta– nos llevará a la autorrealización. A modo de comparación, podemos imaginar a los vehículos del cuaternario como cuatro cristales sucios que están superpuestos y alineados uno sobre otro. Nuestra tarea como caminantes del Gran Sendero consiste en limpiarlos uno a uno, disciplinadamente, hasta que los rayos del sol puedan traspasarlos y lleguen a nosotros brindándonos su luz y calor.

Existen individuos que trabajan con verdadera eficacia su vehículo físico: hacen ejercicio, se alimentan de forma balanceada, controlan el stress, respiran correctamente, etc. Sin embargo, el dominio del cuerpo denso no las hace mejores personas porque su labor es parcial y no integral, del mismo modo que un hombre que ha desarrollado gran musculatura en un solo brazo pero que mantiene su otro brazo y sus piernas fofas y sin entrenamiento.

La escalera hacia la Iniciación

El trabajo con los vehículos puede ser concebido como una escalera de cuatro escalones por los que debemos ascender hasta llegar al portal de la Iniciación, la cual no debe ser considerada como un pasaje ceremonial, o una práctica exótica, sino como un estado de conciencia superior que debemos alcanzar, equiparable a la Iluminación. Ese místico portón, que es la entrada al Santuario del Ser, el Sancta Sanctorum o el Recinto Interior, se abre con una simbólica llave de marfil, que posee un profundo simbolismo asociado al elefante y a la sabiduría.

En este sentido, la Iniciación no puede concederse sino que debe ser conquistada, con esfuerzo y dedicación.

A este largo proceso de perfeccionamiento le llamamos "sendero iniciático", el cual está lleno de obstáculos, pruebas y desafíos que debemos ir superando para progresar y seguir ascendiendo.

Tanto el profano como el discípulo deben avanzar hacia el simbólico "Norte" pero mientras que el profano se auxilia con un dudoso "sentido común" contaminado por sus deseos y por las confusas opiniones de otros profanos, el discípulo se vale de una eficaz brújula que le señala el camino seguro. Esta "brújula" no es otra cosa que la disciplina iniciática, que se fundamenta en las enseñanzas tradicionales de la Filosofía Perenne.

Muchos aspirantes se sienten fascinados por las doctrinas espirituales y por los conocimientos de corte esotérico, aunque al carecer de disciplina, compromiso y discernimiento, su progreso es mínimo e incluso pueden tener la sensación que después de muchos años de leer decenas de libros "espirituales" se encuentran exactamente en el mismo sitio en el que empezaron.

También hay muchos estudiantes que saben exactamente hacia dónde dirigirse pero, por pereza o por estar demasiado apegados al mundo material y sus placeres, se conforman con mirar el camino sin decidirse a hollarlo. Estos aspirantes, que casi siempre alegan "no tener tiempo" para dedicarle a la vida superior hacen honor a la cita de Ovidio que decía: "Veo lo mejor y lo apruebo, pero sigo lo peor" ("Video meliora proboque sed deteriora sequor").

Uno de los errores más comunes de los neófitos consiste en "volar de flor en flor" recorriendo el "camino del colibrí", pasando de escuela en escuela sin comprometerse a nada y sin profundizar en ninguna de las enseñanzas. Esta costumbre puede saciar la curiosidad de nuestra mente de deseos (kama–manas) pero no es una decisión inteligente y nos llevará a caminar en círculos, sin lograr avances significativos.

Lo mismo ocurre con aquellas personas que creen que la mera lectura de obras espirituales los llevará directamente al portal de la Iniciación. Los libros son un medio, no un fin, y el esoterismo "intelectual" es más un entretenimiento para la mente que un avance hacia la trascendencia.

Ramakrishna decía con certeza que *"quedarse embelesado con cosas tan triviales como la esfera solar, el plano astral, etc., no significa genuina búsqueda de Dios"*. (1)

Otro problema usual de estos tiempos de confusión es la credulidad y la fantasía, presentes en muchos estudiantes que prefieren "vivir en las nubes", valiéndose de la espiritualidad como una excusa para escaparse de la realidad. El verdadero esoterista debe ser riguroso y no aferrarse a livianas ideas "new age" y seudo-ocultistas de moda, que muchas veces involucran a seres fabulosos, ángeles, auxiliares invisibles, maestros, annunakis, devas y extraterrestres. En la mayoría de los casos, estas apariciones y "contactos" son una hábil jugarreta de la Mente de Deseos para mantenernos entretenidos y conservar a nuestra conciencia dormida.

Obviamente no estamos negando la existencia de entidades de otros planos, pero cuando estas supuestas "influencias espirituales" son una distracción que nos aparta del verdadero sendero, se convierten en un estorbo más que en una ayuda.

Max Heindel aclaró esta idea, diciendo: *"No es un daño grande el que entre nuestras filas haya materialistas, sino el caso de que, desgraciadamente hay una tendencia entre gentes que defienden o comulgan con enseñanzas avanzadas a navegar por las nubes, olvidadizas de las condiciones concretas y de los deberes terrestres. Esto es causa de que la generalidad de las personas miren con desdén y menosprecio el esoterismo y califiquen a todos los que lo estudian de chiflados y excéntricos, aunque sus faltas no tienen nada que ver con el esoterismo, así como tampoco no es la culpa de un buen alimento el que un estómago débil no pueda digerirlo".* (2)

También existe una gran cantidad de aspirantes curiosos que se acercan a las escuelas iniciáticas en busca de fenómenos psíquicos, poderes exóticos y prácticas sorprendentes, lo cual también suele ser un obstáculo más que una ayuda.

La clásica obra tibetana "La Voz del Silencio" es muy clara sobre este punto y al comenzar sus instrucciones señala:

"Las presentes instrucciones son para aquellos que ignoran los peligros de los Iddhi inferiores". (3)

Y aclara que *"la palabra pali Iddhi es sinónima de la voz sánscrita Siddhis, o facultades síquicas, los poderes anormales del hombre. Hay dos clases de Siddhis. Un grupo de ellos comprende las energías síquicas y mentales inferiores, groseras, el otro requiere la más elevada educación de los poderes espirituales".* (4)

Por su parte, Ramakrishna también nos advierte que *"a los*

siddhis o poderes psíquicos se les debe evitar como al excremento. Esos poderes vienen por sí mismos a causa de las sadhanas (prácticas espirituales) y samyama (control de los sentidos). Pero, aquel que establece su mente en los siddhis se estanca ahí y no puede subir más alto". (5)

Mientras que el verdadero avance espiritual es interno, lo fenoménico nos lleva a seguir volcándonos "hacia afuera". Lamentablemente, los hospitales psiquiátricos están repletos de buscadores imprudentes que creyeron que el desarrollo de estos poderes ocultos los llevaría fácilmente hasta lo más alto cuando en realidad les condujo al fracaso, al sendero tortuoso que lleva directamente a un infierno en la tierra.

Los Maestros de Sabiduría fueron muy claros en sus cartas a Alfred Sinnett, a fines del siglo XIX: *"A usted le toca elegir: la filosofía más elevada o una simple escuela de magia".* (6)

Podemos resumir los cinco obstáculos más comunes que deben superar los aspirantes que empiezan a hollar el sendero de esta manera:

a) La falta de compromiso y disciplina.

b) La lectura sin discernimiento y como un fin en sí mismo.

c) La credulidad y la fantasía.

d) La búsqueda de fenómenos.

e) La carencia de espíritu crítico.

Cuento: El mantra poderoso

Un gurú estaba dando clase a un grupo de jóvenes discípulos. En un determinado momento, éstos le pidieron que les revelara el sagrado «mantra» por el que los muertos pueden ser devueltos a la vida.

«¿Y qué pensáis hacer con una cosa tan peligrosa?», les preguntó el gurú.

«Nada. Sólo es para robustecer nuestra fe», le respondieron.

«El conocimiento prematuro es peligroso, hijos míos», dijo el anciano.

«¿Y cuándo es prematuro el conocimiento?», preguntaron ellos.

«Cuando le proporciona poder a alguien que aún no posee la sabiduría que debe acompañar al uso de tal poder».

Los discípulos, no obstante, insistieron. De modo que el santo varón, muy a su pesar, les susurró al oído el «mantra» sagrado, suplicándoles repetidas veces que lo emplearan con suma discreción.

No mucho después, iban los jóvenes paseando por un lugar desierto cuando tropezaron con un montón de huesos calcinados. Con la frivolidad con que suele comportarse la gente cuando va en grupo, decidieron poner a prueba el «mantra» que sólo debía ser empleado previa una prolongada reflexión.

Y en cuanto hubieron pronunciado las palabras mágicas, los huesos se cubrieron de carne y se transformaron en voraces lobos que les atacaron y les hicieron pedazos. (7)

Cuento: Caminar sobre las aguas

Un hombre, después de 14 años de penitencia en un bosque solitario, logró al fin el poder de caminar sobre las aguas. Lleno de alegría, fue a su gurú, y le dijo: "¡Maestro, maestro, he adquirido el poder de caminar sobre el agua!".

El maestro le replicó enfadado: "¡Qué vergüenza, hijo mío! ¿Ese es el resultado de tus catorce años de trabajo? En verdad, lo que has obtenido no vale más que un centavo, pues lo que has logrado con tan arduos trabajos a lo largo de catorce años, lo hace cualquier hombre ordinario pagando un centavo al barquero. (8)

Deseo versus voluntad

"Somos hijos del Altísimo, y por ello nuestra voluntad debe ser respetada y cumplida a la larga aunque se exprese bajo la ilusión en forma de deseo. Podemos desear cosas ilusorias y sufrir en consecuencia, pero eso no importa. Es parte de nuestra educación y gradualmente nos hará desear las cosas justas, y al final no las cosas mismas sino a Dios. Él solo es la Fuente real y única de toda verdadera felicidad que equivocadamente buscamos en las cosas". (I. K. Taimni)

Tanto el cuerpo emocional como la mente inferior están teñidos del deseo (en sánscrito "kama") que nos empuja hacia afuera, pues anhela su realización en el mundo físico.

Siendo así, podemos decir que en nuestra naturaleza inferior el poder estimulante es el deseo, mientras que en la naturaleza superior es la voluntad. Por esto, en nuestro interior suele darse un combate interno entre el deseo y la voluntad.

Besant señala que tanto la voluntad como el deseo *"tienen idéntica naturaleza íntima, porque en realidad son una sola determinación del atma, la única fuerza motora del hombre, la que impele hacia la actividad, hacia la acción sobre el mundo exterior, sobre el No-Yo. La voluntad queda manifiesta cuando el Yo se determina a la actividad sin estar influído por atracciones ni repulsiones hacia los objetos circundantes. El deseo queda manifiesto cuando las atracciones y repulsiones externas determinan la actividad y zarandean de aquí para allá al hombre, sordo a la voz del Yo, e inconsciente del Gobernador interno".* (9)

Dicho de otro modo, *"cuando la energía del yo es estimulada o provocada por objetos externos, es deseo; y cuando es impersonal y brota en cumplimiento de un propósito Divino, es pura voluntad espiritual".* (10)

Esta identidad entre voluntad y deseo nos lleva a reflexionar sobre la naturaleza de este último y su control. El teósofo indio Taimni explica que *"el deseo se funde con la voluntad cuando* se purifica y se libra de la contaminación del yo personal [...] de suerte que a medida que esta energía se purifica del elemento personal, va alcanzando su condición de voluntad pura y sin mezcla. Lo que degenera a la voluntad en deseo es la escoria del yo personal; cuando se quema esa escoria queda el oro puro de la voluntad.

»Para aclarar más esta relación, tabulamos en seguida ciertos deseos que todos conocemos, y el lector verá de inmediato cómo la purificación gradual del deseo lo aproxima más y más a nuestro concepto de la voluntad espiritual, hasta hacerlos indistinguibles. Tomemos los siguientes deseos en el orden en que se dan a continuación:
(1) El deseo de gratificación sensual.
(2) El deseo de ayudar a que nuestra familia viva con comodidad y decencia.
(3) El deseo de servir a nuestra patria.
(4) El deseo de servir a la humanidad.
(5) El deseo de unificar nuestra voluntad con la Voluntad Suprema.

»Al recorrer en orden descendente esta serie, vemos fácilmente que el deseo se va tornando en voluntad [del egoísmo al altruismo], y que en su forma más elevada no es sino cuestión de palabras llamar deseo o voluntad a esta energía. Si se usa la palabra deseo para describir esta última modalidad, es porque puede quedar en ella cierto elemento emocional mientras la conciencia esté confinada dentro de la personalidad y la cuestión se mire desde abajo, por decirlo así". (11)

Mientras que el deseo nos ata, la voluntad nos libera, y al transmutar nuestro deseo en voluntad, podremos alcanzat nuestro Dharma o Propósito en la vida, y de este modo no generaremos Karma. De esta manera entendemos el viejo adagio que reza que "detrás de la voluntad anida el deseo" y verdaderamente "si los deseos están bien orientados, la voluntad se convierte en una poderosa fuerza benéfica proporcional a su grado de de-

sarrollo, es decir, a la aptitud del individuo para aprovechar las ilimitadas reservas de fuerza que representa el Universo". (12)

En primer lugar debemos entender la insensatez de confundir la felicidad con la satisfacción de los deseos. En un mundo materialista y hedonista como el nuestro, es común que se conciba la felicidad en relación con el objeto que une al deseo y lo aplaca. No obstante, el deseo nunca puede ser satisfecho en su totalidad y no existen objetos externos que puedan apaciguarlo, ya que la satisfacción de un deseo es acompañada de la aparición de nuevos deseos.

Cuando pensamos "si tuviera ese objeto sería feliz" y finalmente accedemos a él, nos damos cuenta que la satisfacción de ese deseo no nos brindó la felicidad. Y nos decimos: "ahora debo tener otra cosa para ser feliz" y nuevamente –al alcanzar ese objeto del nuevo deseo– nos volvemos a decepcionar. Sin embargo, en vez de concluir que la felicidad no está ligada a los objetos, seguimos anhelando más y más cosas, cediendo irreflexivamente ante el bombardeo publicitario de una sociedad sin rumbo fundamentada en el consumismo.

No existe un objeto final que calme el deseo y cada vez que satisfacemos nuestra "necesidad" al unirnos con esos objetos "indispensables" para hacernos felices, nos damos cuenta que esa consecución nos brinda simplemente una momentánea ilusión de plenitud, que ciertamente es brevísima.

Transmutación del deseo

"El placer del hedonismo radical, la satisfacción de nuevos deseos, los placeres de la sociedad contemporánea producen distintos grados de excitación, pero no alegría. De hecho, la falta de gozo obliga a buscar placeres siempre nuevos, cada vez más excitantes". (Erich Fromm)

¿Cómo podemos transmutar el deseo en voluntad? En primer lugar, como ya hemos explicado antes, es de capital importancia la práctica de la auto-observación y el reconocimiento del deseo al manifestarse en nuestro interior.

Esta labor supone tomar conciencia de nuestros deseos disociándonos de ellos conscientemente, objetivándolos. Y de esta manera, situados por encima de ellos –como observadores y no como protagonistas– podremos examinar nuestros impulsos, comprenderlos y finalmente controlarlos.

En segundo lugar debemos analizar la relación de nuestra mente con el deseo. Como dijimos, nuestra mente inferior (Kama-Manas) está relacionada directamente con el deseo y todos los pensamientos que surgen de ella están más o menos teñidos del mismo.

Cuando un deseo es saciado, el placer se disipa y el cuerpo astral "necesita" volver a experimentar esa sensación. Krishnamurti explica que *"el cuerpo astral quiere todas estas cosas y muchas más, no porque desee perjudicaros, sino porque le gustan las vibraciones intensas, así como el cambio constante de ellas".* (13)

Para volver a satisfacer ese deseo, el cuerpo emocional recurre a la memoria para poder establecer qué objeto es el que nos produjo esa sensación placentera e incitarnos a que nuevamente actuemos para conseguirlo.

Si reflexionamos sobre este punto (¡muy importante!) podremos entender mejor los fenómenos de la drogadicción, del alcoholismo, de las compras impulsivas, de la ludopatía, incluso de la adicción emocional a las personas.

Cuando la mente queda esclavizada por el deseo e incitada por éste, *"forja planes y proyectos y mueve al cuerpo a la acción para esquivar el dolor dimanante de un objeto doloroso. Tal es la relación entre el deseo y el pensamiento. Suscita, estimula y excita los esfuerzos mentales. La mente en sus primeras etapas es sierva del deseo, cuyas violentas incitaciones determinan la proporción de su desarrollo".* (14)

Con la auto-observación es posible liberarse de este círculo vicioso, porque verdaderamente podemos lograr que la mente (purificada) tome las riendas. Besant sugiere que *"cuando la mente advierte que el deseo ha levantado pensamientos determinantes de acciones engendradoras de infelicidad, puede resistir los futuros impulsos del deseo en la misma dirección y repugnar acciones que acarrearían resultados desastrosos. [...] La creadora actividad del pensamiento puede ejercerse en la modelación del deseo, de suerte que su energía propulsora se aplique en mejor dirección. Así puede servir el pensamiento para dominar el deseo y ser dueño en vez de esclavo, de modo que según adquiera ascendiente sobre su indómito compañero, lo vaya transmutando en voluntad e invirtiendo la aplicación de la energía de lo exterior a lo interior, de los objetos externos atractivos o repulsivos, al espíritu, el íntimo gobernador".* (15)

Entonces: *"Para romper los lazos del deseo hemos de recurrir a la mente, en donde subyace el poder que primero purificará y después transmutará el deseo".* (16)

Una mente concentrada puede evaluar objetivamente si la satisfacción de determinados deseos ha traído felicidad o tristeza a nuestra vida.

Pongamos como ejemplo la adicción al juego, que es uno de los vicios más lamentables de nuestros tiempos. En el caso de los jugadores, los mismos pueden experimentar en carne propia la miseria que les causa su afición, pero cuando pasan frente a un casino la atracción es demasiado fuerte, haciéndole caer una vez más en las redes del deseo.

En este caso, la mente inferior "recuerda" el placer que el juego le ocasionó en el pasado y el cuerpo astral comienza a vibrar, estimulando al cuerpo físico que "convencido" por la mente, encamina sus pasos hacia el casino para satisfacer ese deseo, que lo volverá a llevar al dolor y la frustración.

Esta es la lucha interna que puede finalizar con la auto–observación y el triunfo de la voluntad. Besant dice: *"Muchas y muchas veces el deseo triunfante se apropiará el objeto; pero la repetición de los resultados dolorosos suscitará contra el deseo en cada uno de sus triunfos otro enemigo en las fuerzas de la mente. Aunque poco a poco, el pensamiento se vigoriza hasta que por último le sonríe la victoria y llega el día en que el deseo es más débil que la mente y el lazo queda roto y repudiado el objeto".* (17)

Todos los grandes maestros se han referido al deseo y a la necesidad de su aniquilación:

"No por la disciplina y los votos, ni por lo profundo del saber, ni por los progresos en el meditar, ni por vivir aparte, alcanzo esa dicha inefable que ni siquiera vislumbra el hombre mundano. ¡Oh bhikkus! No descanséis hasta haber logrado destruir el deseo". (Buddha en el Dhammapada)

"Es el deseo, es la cólera nacida de la cualidad pasional que todo lo corrompe y todo lo consume. Ahí tienes al enemigo del hombre en la Tierra". (Bhagavad Gita 3:37)

El antiguo texto tibetano "La Voz del Silencio" es muy revelador al recomendar: "Mata el deseo; pero si lo matas, vigila atentamente, no sea que de entre los muertos se levante de nuevo". (18)

Debemos tener en cuenta que una cosa es la aniquilación del deseo (o incluso su transmutación) y otra muy diferente es su represión.

Reprimir el deseo es como apretar un resorte, ya que apenas nos descuidemos este saltará y volverá a incomodarnos, del mismo modo que las cabezas de la hidra volvían a crecer y reproducirse cuando el héroe Hércules se las cortaba.

Por eso hacemos hincapié en la transmutación del deseo, y no en su represión, que nos brinda una efímera sensación de triunfo.

Taimni dice: *"Recientes investigaciones en psicoanálisis han mostrado los efectos dañinos de reprimir las emociones y deseos. Quienes intentan controlarlos harán bien con familiarizarse ampliamente con los principales resultados de esas investigaciones.*

No es necesario entrar aquí en detalles sobre esta cuestión, pero la idea básica puede indicarse brevemente. Según estas investigaciones, cualquier deseo o emoción que se reprime a la fuerza, pasa a las regiones subconscientes de la mente, y allí engendra y mantiene ciertos síntomas patológicos que externamente no parecen tener relación con la emoción reprimida. Estos síntomas o grupos de síntomas se conocen técnicamente como "complejos". Estos complejos constituyen un factor importante en la vida emocional y mental e incluso física, de la persona, y sin ella saberlo influyen poderosamente en su comportamiento. El psicoanálisis ha inventado una técnica para resolver estos complejos y restaurar la psiquis a una condición sana y normal que elimina la tensión no natural. Se puede o no concordar con las teorías del psicoanálisis; pero el punto que tenemos que anotar es el de que nuestras emociones y deseos representan fuerza psíquica, y ninguna fuerza, conforme a la ley de conservación de la energía, puede ser aniquilada sino solamente transformada. No se puede destruir una fuerza una vez que ha sido generada; pero sí se puede determinar la forma que ha de tomar.

»Cuando se reprime un deseo o emoción, no se afecta la fuente que suministra la energía, la cual queda intacta, sino que se desvía la corriente de energía hacia la mente subconsciente, donde puede tomar toda clase de formas indeseables que finalmente saldrán a la superficie. Si tenemos una tubería de agua sin grifo y queremos detener el flujo del agua, no lo conseguiremos metiendo en el suelo el extremo de la tubería, el agua seguirá fluyendo y tarde o temprano saldrá a la superficie en una forma caótica, con lodo y mugre. Tenemos que tapar la tubería y así detener el flujo del agua, o utilizarla de alguna manera adecuada, como por ejemplo desviarla hacia el jardín donde ayudará al crecimiento de las plantas.

»De modo similar, si queremos eliminar un deseo debemos dejar de generar esa energía, o transformarla en alguna otra forma que sirva para nuestro progreso. Dejamos de generar esa energía cuando entendemos tan completamente el deseo que nos colocamos por encima de él; nos hemos vuelto intensamente consciente de su verdadera índole, y por ende deja de afectarnos. En tales casos, el deseo muere, simplemente porque no le suministramos la energía que lo mantendría vivo, o también podemos modificar la forma de la energía, sublimarla, como se dice. La nueva forma de energía habrá de ser tal que nos ayuda a progresar hacia nuestro ideal, en vez de estorbarnos". (19)

CAPÍTULO IX

Psicología iniciática

El triunfo de la voluntad

"Un viaje de mil kilómetros comienza con un primer paso"
(Lao-Tsé)

Anteriormente señalamos que el triunfo del deseo significa "esclavitud", la misma que se representa en el arcano XV del Tarot ("El Diablo"), donde se puede apreciar a una pareja animalizada que –aún con la posibilidad de quitarse las cadenas con facilidad– elige seguir prisionera del demoníaco ser.

En este sentido y por oposición, el triunfo de la voluntad representa la total libertad, que proviene de la obediencia de la Ley suprema (el Dharma).

Siempre debemos recordar que el Deseo *"es la forma que la Voluntad asume en los planos inferiores en las primeras etapas de la evolución humana. La Voluntad espiritual en los mundos superiores del Espíritu es libre y siempre opera en armonía con la Voluntad Divina; pero cuando se manifiesta en los mundos inferiores puede ser aprovechada por la personalidad para sus propios fines personales que pueden o no estar en armonía con la Voluntad Divina. Bajo estas condiciones, toma la forma de Deseo, el cual, por tanto, es el mismo poder volitivo pero degradado y utilizado por el yo inferior para sus propios fines egoístas".* (1)

Pero para que la voluntad espiritual de nuestro Yo más alto comience a dirigir nuestra vida, convirtiéndose en el motor de nuestros actos, debemos empezar con el fortalecimiento de la voluntad a través de algunas técnicas que en nuestro acelerado mundo moderno (¡y en nuestros centros educativos!) son consideradas anacrónicas y simplemente descartadas:

a) La disciplina.
b) La puntualidad.
c) El orden.
d) La planificación.
e) El aprovechamiento del tiempo.

Enrique Rojas explica que *"educar la voluntad significa en primer lugar huir del culto al instante (del latín instans–antis: "lo que está ahí"), según el cual lo más importante es vivir lo inmediato. [...] Un síntoma frecuente de escasa voluntad es buscar sólo la exaltación instantánea de lo más próximo.*

»Lo primero que necesitamos para ir domando la voluntad es ser capaces de renunciar a la satisfacción que nos produce lo urgente, lo que pide paso sin más. Lo inmediato puede superarse y rebasarse cuando existen otros planes, a los que nos hemos adherido y que han sido incluidos dentro de nuestro proyecto de vida, el cual no se improvisa, sino que se diseña. Esta concepción, lógicamente, supone muchas renuncias". (2)

Esta reflexión de Rojas está ligada al trabajo interior necesario para seguir nuestro Dharma, nuestro Propósito en la vida. En una primera instancia, para el descubrimiento de nuestro Dharma, podemos utilizar varias herramientas:

1) La intuición, descubriendo las coincidencias, recurrencias y mensajes de la "escuela de la vida".

2) El uso de herramientas oraculares iniciáticas como el I Ching, el Tarot o las Runas, no para predecir el futuro sino para auxiliarnos en el despertar de la conciencia.

3) La comprensión de la simbología arcaica, atendiendo al rico simbolismo de las ceremonias, rituales y todas las prácticas litúrgicas tradicionales.

4) La práctica de ejercicios que potencien el contacto con el Yo Superior.

Estos cuatro consejos para sintonizarse con el Dharma no servirían de nada si no tenemos fuerza de voluntad y un claro proyecto de vida.

¿Qué implica un "Proyecto de vida" y en qué se diferencia del "Propósito en la vida" o Dharma? En primer lugar, hay que destacar que el Proyecto se crea, mientras que el Propósito **se descubre**.

Luego que nos quitemos la venda que nos mantiene en las tinieblas y descubramos que nuestro principal cometido en la vida es evolucionar hacia la perfección, tendremos que actuar en consecuencia, o en términos cristianos "cargar la cruz y seguir al Cristo".

Sin duda tardaremos años (¡o vidas!) en "sintonizarnos" con ese Propósito o "Dharma" que nos llevará a la liberación final, pero un primer paso es establecer un "Proyecto de vida". Para trazar este proyecto es importante tener los objetivos muy claros, por lo cual una buena idea es ponerlos por escrito en nuestra Bitácora personal (ver apéndice). Para alcanzar estas metas debemos trabajar tanto física como metafísicamente, y en este sentido es fundamental destacar la importancia de la visualización creativa a través de la llamada "ley de atracción" que está bien resumida en viejas obras herméticas y del "Nuevo Pensamiento". Lamentablemente hoy en día se promociona esta antigua herramienta simplemente como un medio eficaz de obtener bienes materiales y para lograr fines egoístas, que no nos ayudan a progresar sino a enterrarnos cada vez más en las arenas movedizas del materialismo.

Ciertamente, las cosas ocurren dos veces: primero suceden en la mente y luego se "bajan" al plano físico. Podemos poner el ejemplo del arquitecto que pasa frente a un terreno baldío, visualiza la casa para ese lugar y luego la construye.

Dice Enrique Baliño con respecto a este ejemplo: *"el común de los seres humanos pasamos frente a un baldío y vemos un pozo, suciedad y decimos que hay que limpiarlo o taparlo. Vemos todo lo que está mal. Todo lo que falta. El arquitecto piensa: "¡qué bueno, qué oportunidad!". Se imagina la casa, el edificio, la catedral. Construye primero la imagen del futuro. Luego va a su taller y dibuja la idea, y con ese dibujo vuelve al presente y desde ahí proyecta nuevamente el futuro con una imagen maravillosa. Luego se presenta ante un inversor y pregunta: "¿Por qué no compra este terreno? Mire lo que podemos hacer". Y en base al dibujo, en base a una imagen positiva del futuro, el inversor toma acción en el presente: compra".* (3)

Además de trazar nuestros objetivos y visualizarlos, tenemos que fortalecer la voluntad con tres herramientas esenciales: la disciplina, la constancia y la paciencia.

Si planificamos con maestría nuestro "proyecto", éste nos irá acercando a nuestro "propósito" hasta que ambos se conviertan en uno solo. Siendo así, es necesario que –en la medida que avancemos en la senda iniciática– realicemos evaluaciones y correcciones en el rumbo que nos hemos trazado, pues con la ayuda de las otras herramientas que citamos antes (la intuición, los oráculos iniciáticos, la simbología y el contacto con nuestro maestro interior) el panorama se irá presentando cada vez más claro.

Podemos imaginarnos perdidos en una selva peligrosa pero, si contamos con una brújula como elemento de orientación, podremos localizar la dirección hacia el norte. Sin embargo, el camino recto no siempre es el mejor, pues seguramente estará lleno de obstáculos infranqueables, precipicios, montes tupidos, barrancos y muros de piedra. Siendo así, en nuestra exploración necesitaremos un mapa para encontrar el mejor sendero, escapar de la selva oscura y liberarnos. Ese sendero seguro no es otra cosa que el Dharma, pero hasta que logremos dar con él tendremos que seguir avanzando por trillos apenas marcados, improvisando y planificando nuestra "hoja de ruta" con inteligencia. Ese trazado en el mapa (nuestra vida) con la brújula (las enseñanzas trascendentes), nos guiarán tarde o temprano a la senda correcta (el Dharma) que nos conducirá directo a nuestra meta, pero mientras tanto debemos seguir "sobreviviendo" en la selva y superando los obstáculos (del Karma) que se nos presenten.

Es posible que en el medio de la selva encontremos a otros caminantes perdidos. Algunos nos acompañarán y compartirán algunos trechos del camino, otros preferirán seguir otras sendas y muchos más –aún sabiendo que la liberación está afuera de la selva– no se atreverán a continuar por temor a lo desconocido.

Estos conceptos serán desarrollados y ampliados en nuestra obra "Propósito y proyecto", volumen VII de la Enciclopedia de la Sabiduría Antigua.

Enrique Rojas señala que: *"todo lo grande del hombre es hijo de la abnegación; así, por ejemplo, la entereza de volver a empezar, cueste lo que cueste, privándose uno de cosas buenas, pero que en ese momento exigen un recorte para después dirigirse hacia objetivos de mayor densidad. Quien tiene educada la voluntad es más libre y puede llevar su vida hacia donde quiera. El hombre de nuestros días, convulsionado y un tanto perdido, deambula de un sitio a otro, muchas veces sin unos referentes claros. Cuando la voluntad se ha ido formando a base de ejercicios continuos, está dispuesta a vencerse, a ceder, a dominarse, a buscar lo mejor. En este sentido, podemos llegar a afirmar que no se es más libre cuando se hace lo que apetece, sino cuando se tiene capacidad de elegir aquello que hace más persona, cuando se aspira a lo mejor; y para ello, hay que tener una cierta visión de futuro. La aspiración final de la voluntad es perfeccionar, aunque teniendo en cuenta que somos perfectibles y defectibles.*

»Si hay lucha y esfuerzo, se puede ir hacia lo mejor; si hay dejadez, desidia, abandono y poco espíritu de combate, todo se va deslizando hacia una versión pobre, carente de aspiraciones, de forma que surge lo peor de uno mismo". (4)

Un ejemplo admirable de voluntad férrea es el de Helen Keller (1880–1968), una norteamericana que nació con graves limitaciones físicas y que a los 19 meses de edad sufrió una enfermedad que la dejó ciega, sorda, e incapaz de hablar.

Pese a este dramático suceso, Helen superó sus obstáculos y a los 24 años se graduó "cum laude" en el Radcliffe College, llegando a ser la primera persona sorda y ciega en alcanzar esa distinción de la universidad. Años más tarde, Keller se convirtió en una exitosa escritora y oradora, superando con creces sus restricciones físicas.

Las emociones

El deseo está fundamentado en la atracción y la repulsión hacia objetos, que –a través de la memoria– sabemos que causan placer o dolor. Es decir que el deseo se vale de la mente inferior para alcanzar o evitar esos objetos.

De esta relación directa entre el deseo y el pensamiento surgen diferentes clases de emociones (del latín "emotionis", el impulso que induce la acción). Taimni establece que si analizamos las emociones podremos encontrar en ellas tres elementos permanentes en intensidades y proporciones diferentes:

a) Sentimiento (Deseo).

b) Pensamiento (Intelecto).

c) La polaridad atracción–repulsión.

Y pone este ejemplo: *"Cuando admiramos un bello atardecer puede parecer superficialmente que la emoción no contiene el elemento de atracción o repulsión; pero un detenido análisis del estado de la mente mostrará que está presente el elemento de placer y la consiguiente atracción o deseo. El hecho mismo de gustarnos contemplar ese atardecer, muestra que existe el elemento de placer y atracción; cuando vemos una cosa horripilante le volvemos la espalda instintivamente".* (5)

No es fácil clasificar las diversas emociones que experimentamos a lo largo de la vida y en diversas circunstancias. Bhagavan Das en "La ciencia de las emociones" señala que todas las emociones se originan en dos emociones-raíces o "protoemociones", supeditadas a la atracción y la repulsión: el deseo de unirnos a los objetos que causan placer (bienestar) y el deseo de separarnos aquellos que causan dolor (malestar). En otras palabras, las emociones son polarizaciones generadas por nuestra mente de deseos tanto de los estímulos externos como internos.

Taimni habla de las relaciones personales y establece que: *"cuando estas emociones [raíces] se dirigen hacia un superior, un inferior, o un igual, asumen aspectos diferentes; y las permutaciones y combinaciones de estas seis emociones secundarias, [...] al combinarse con otros factores mentales, dan origen a la mayoría de las emociones que los psicólogos conocen".* (6)

De este modo, la atracción con respecto a las relaciones entre individuos posee tres formas principales:

"a) La atracción, más la conciencia de la igualdad entre el yo y el objeto atrayente, se llama afecto o amor propiamente dicho.

b) La atracción, más la conciencia de la superioridad del objeto atrayente respecto del yo, se llama reverencia.

c) La atracción, más la conciencia de la inferioridad del objeto atrayente respecto del yo, se llama benevolencia". (7)

Por su parte, la repulsión se presenta en tres formas básicas:

"a) La repulsión, más la conciencia de la igualdad entre el yo y el objeto atrayente, se llama ira.

b) La repulsión, más la conciencia de la superioridad del objeto atrayente respecto del yo, se llama temor.

c) La repulsión, más la conciencia de la inferioridad del objeto atrayente respecto del yo, se llama menosprecio". (8)

Bhagavan Das llama a estas seis formas las *"las seis emociones humanas capitales"* (9) y las subdivide de esta forma:

1) Amor: Se manifiesta en un grado primario como cortesía. En una segunda forma aparece como amistad, camaradería, hermandad, y finalmente como el amor propiamente dicho, que puede ser filial, fraternal, de pareja, a un Ideal, etc.

En todos los casos la característica es el deseo de auxilio mutuo.

2) Reverencia: Se manifiesta en diversos grados como respeto, estimación, veneración, adoración, etc.

3) Benevolencia: Se manifiesta como ternura, piedad, etc.

4) Ira: Se manifiesta en un grado preliminar como aspereza, reserva, el apartamiento, la distancia y otras actitudes y modales despectivos. En una segunda forma aparece como enemistad, hostilidad, insultos, burlas, que finalmente derivan en una tercera forma más espectacular: cólera, rabia, odio.

5) Temor: Se manifiesta en primer término como recelo acentuándose en temor propiamente dicho, hasta el terror.

6) Menosprecio: Se manifiesta como altivez en primer grado, y le sigue el desdén, el menosprecio y la humillación.

No obstante, estas seis categorías están asociadas a vínculos personales y es posible encontrar emociones manifestadas que no encajen en este patrón, en especial cuando éstas surgen ante objetos inanimados o eventos particulares que no involucran seres vivos. Analizaremos estos casos particulares en otro volumen de esta colección, cuando profundicemos en los estudios de Psicología iniciática.

Terminología y proceso emocional

El proceso emocional que estamos estudiando es bastante mecánico y es propio de una conciencia dormida, que reacciona inconscientemente a estímulos externos, sin poder comprender en profundidad el verdadero significado los eventos cotidianos. Dicho de otro modo, mientras el proceso emocional esté supeditado al cuerpo emocional y la mente de deseos, no podremos utilizar eficazmente la vida diaria como una vía a la iluminación.

Aunque el proceso analizado esté limitado básicamente a los sentidos y la memoria, ¿podríamos concebir un proceso emocional por encima de los sentidos y que implique una comprensión consciente de los eventos? La respuesta es "sí", pero el mismo deberá hallarse por encima de la dicotomía atracción-repulsión o lo agradable-desagradable, y dependerá de la acción de Manas (la mente superior) y Buddhi (el cuerpo intucional), como veremos más adelante.

Obviamente, la clasificación de las emociones que hemos brindado anteriormente no es la única que existe, pero creemos que es una de las más adecuadas para el trabajo introspectivo y es la que usaremos con frecuencia en nuestros ejercicios de psicología práctica. Los psicólogos profesionales, por su parte, han intentado postular una teoría definitiva sobre este tema pero se encuentran ante un gran problema: la terminología que se usa para describir las emociones y los sentimientos suele ser confusa y no hay unanimidad de criterio para las definiciones.

Intentaremos clarificar la clasificación de las emociones describiendo el proceso emocional básico en su totalidad, observando como muchas veces se denominan "emociones" a fe-

Esquema de las seis emociones humanas capitales

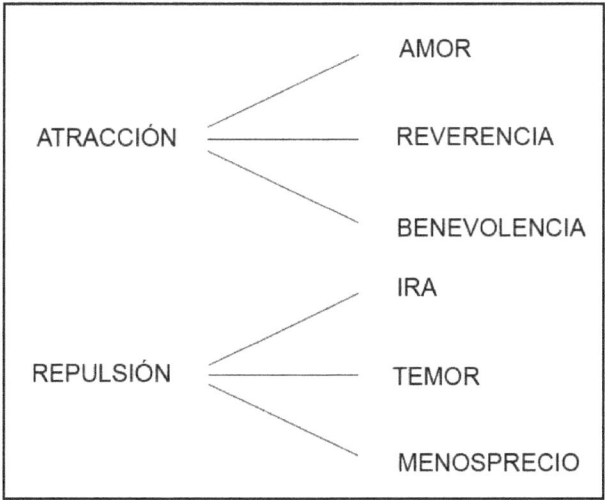

nómenos que no lo son. La depresión, por ejemplo, no es una emoción sino un estado anímico que es consecuencia de una particular emoción.

El proceso emocional "mecánico" podemos explicarlo de este modo:

a) Estímulo externo (a través de los cinco sentidos) o interno (a través de la memoria).

b) Reacción que es doble: en primer lugar conductual, es decir a través de una manifestación de la conducta que puede ser controlable y que muchas veces depende del entorno cultural y el aprendizaje (expresiones de la cara, acciones, gestos, modales, comunicación no verbal).

En segundo lugar hay una reacción fisiológica que es involuntaria (temblor, sudor, rubor, modificación en la respiración, dilatación de las pupilas, modificación del ritmo cardíaco, etc).

La risa y el llanto pueden responder a una manifestación conductual o a una reacción fisiológica.

c) Emoción manifestada que puede ser alegría, indignación, temor, amor, sorpresa, etc. y que responde a una emoción–raíz (atracción o repulsión) y que –si existe un vínculo personal– puede corresponder a una de las seis categorías que hemos explicado antes.

d) Estado de ánimo que surge como consecuencia de las emociones y que suele ser más duradero: una tristeza profunda nos puede llevar a la depresión, una situación incómoda o al malhumor.

También es importante tener en cuenta en este proceso a los sentimientos, que son la emociones codificadas culturalmente y que poseen mayor duración en el tiempo. Son relativamente estables y se adquieren en el proceso de socialización: amor a nuestra pareja e hijos, el odio a nuestro rival, etc. La durabilidad de estos sentimientos está vinculada a las emociones de "atracción" o "repulsión" y a la acción de la memoria.

Los estados de ánimo y los sentimientos son las "huellas" o "secuelas" que dejan en nosotros las emociones.

Un control eficaz de las emociones nos lleva a la armonía mientras que un trabajo defectuoso nos llevará a la desarmonía. (10)

Veamos un par de ejemplos del proceso emocional:

Un hombre está sentado en un banco de la plaza y comienza a reír a carcajadas. Sin embargo, no hay ningún estímulo externo que haya ocasionado esa risa, sino un recuerdo del pasado que ha sido traído al presente por la memoria, causando una reacción de este tipo.

Haciendo la disección de este hecho podemos detectar:

* Estímulo (interno): Recuerdo jocoso del pasado.

* Reacción conductual (acción): Risa.

* Reacción fisiológica: aceleración del ritmo cardíaco, respiración agitada.

* Emoción manifestada: Alegría.

* Emoción–raíz: Atracción.

* Categoría: Catarsis.

* Estado de ánimo: Bienestar, alegría.

* Resultado: Armonía.

En una calle solitaria, un hombre desalmado golpea a una mujer. Tres sujetos son espectadores del suceso. Sin embargo, las reacciones en esas tres personas son totalmente diferentes. Uno huye de la escena, otro pasa indiferente y el tercero actúa en defensa de la dama. Volvamos a hacer una disección:

* Estímulo (externo): Escena de abuso contra una mujer.

* Reacciones conductuales (acciones): 1) Huída, 2) Indiferencia, 3) Gritos contra el abusador.

* Reacciones fisiológicas: 1) Palidez, sudor, 2) Ninguna en particular, 3) Rubor, aceleración del ritmo cardíaco, respiración agitada.

* Emociones manifestadas: 1) Temor, 2) Indiferencia, 3) Ira.

* Emociones–raíces: 1) Repulsión, 2) Repulsión, 3) Repulsión.

* Categoría: 1) Temor, 2) Menosprecio, 3) Ira.

* Estado de ánimo: 1) Temor, sentimiento de culpa, 2) Posible sentimiento de culpa, 3) Indignación, enfado.

* Resultado: en todos los casos será desarmonía, aunque el caballero que acudió en el auxilio de la dama podrá transmutar la emoción en armonía si toma conciencia de la recta acción que ha realizado.

Muchas veces un estímulo externo (un olor, un sabor, un sonido) nos puede retrotraer al pasado y generar emociones y estados de ánimo positivos o negativos.

La "Magdalena de Proust" es un buen ejemplo de esto. Como señalamos antes, en su célebre obra "En busca del tiempo perdido", Marcel Proust nos cuenta que estaba comiendo una magdalena y al mojarla en la infusión de tila le vinieron a su mente decenas de recuerdos de su infancia:

"En cuanto reconocí el sabor del pedazo de magdalena mojado en tila que mi tía me daba, [...] la vieja casa gris con fachada a la calle, donde estaba su cuarto, vino como una decoración de teatro a ajustarse al pabelloncito del jardín que detrás de la fábrica principal se había construido para mis padres, y en donde estaba ese truncado lienzo de casa que yo únicamente recordaba hasta entonces; y con la casa vino el pueblo, desde la hora matinal hasta la vespertina y en todo tiempo, la plaza, adonde me mandaban antes de almorzar, y las calles por donde iba a hacer recados, y los caminos que seguíamos cuando hacía buen tiempo. Y como ese entretenimiento de los japoneses que meten en un cacharro de porcelana pedacitos de papel, al parecer, informes,

que en cuanto se mojan empiezan a estirarse, a tomar forma, a colorearse y a distinguirse, convirtiéndose en flores, en casas, en personajes consistentes y cognoscibles, así ahora todas las flores de nuestro jardín y las del parque del señor Swann y las ninfeas del Vivonne y las buenas gentes del pueblo y sus viviendas chiquitas y la iglesia y Combray entero y sus alrededores, todo eso, pueblo y jardines, que va tomando forma y consistencia, sale de mi taza de té...". (11)

Más adelante, cuando abordemos el estudio de Buddhi hablaremos del proceso emocional más allá de la mecanicidad y de la dicotomía atracción-repulsión.

La catarsis

La risa y el llanto son dos reacciones complejas que no entran en la clasificación de las seis emociones humanas capitales y que podemos incluir en una séptima categoría: la catarsis.

¿Qué es la catarsis? Etimológicamente "catarsis" (katharsis) significa "purga" o "purificación". En su obra "Poética", Aristóteles sugiere que las representaciones teatrales, en especial la tragedia, ejercen sobre los espectadores ciertos efectos que causan una purificación emocional:

"La tragedia es una imitación de una acción [...] que por medio de la piedad y del temor produce la depuración (catarsis) de tales emociones". (12)

Dicho de otro modo, un buen actor que logra reproducir (imitar) un modelo emocional hace que el espectador se compenetre con su personaje y experimente una "liberación" de esas emociones, o catarsis, a través del llanto o la risa.

De este modo, el espectador puede llegar a experimentar las mismas emociones que los personajes ficticios, pero sin preocuparse por sufrir sus verdaderos efectos.

Ambas reacciones (risa y llanto, es decir las máscaras griegas de la comedia y la tragedia) son canales efectivos para la descarga de tensiones y la expresión catártica.

El llanto generalmente se vincula al dolor y por esta razón la mayoría de las personas intenta reprimirlo, aunque también es posible llorar de risa, ante un estímulo agradable, etc., por lo cual no siempre es una reacción relacionada a la repulsión sino que es ambivalente, como la risa.

Esta última es una reacción catártica socialmente aceptada que está ligada a la alegría y a la emoción–raíz de la atracción, aunque la llamada "risa nerviosa" procede de un evento incómodo y se relaciona con la repulsión. En ambos casos es una "válvula de escape".

La risa suministra energía al cuerpo físico, nos relaja, colabora en el flujo armónico del prana, entre otros muchos beneficios.

El sentido del humor es absolutamente necesario en el sendero iniciático, aunque muchos crean que éste deba recorrerse con solemne severidad. Khalil Gibrán pedía: *"Protegedme de la sabiduría que no llora, de la filosofía que no ríe..."*, mientras que Manly Hall señalaba que *"si el futuro candidato se amarga o se habitúa a la queja, él mismo se incapacita para ponerse al servicio de los Maestros. Puesto que la vida es un asunto tan serio, bien se dice que el sentido del humor es una gracia salvadora. [...] Es un error creer que la seriedad puede ocupar el lugar de la integridad"*. (13)

Yogi Ramacharaka concluye: *"El buen humor es uno de los mejores dones de Dios en el hombre, y le impide cometer muchas tonterías. Una risotada es a veces tan buena como una oración. No toméis las cosas demasiado seriamente, que no sea demasiado real para vosotros el juego del jardín de infantes de Dios"*. (14)

Actividad práctica: Identificando el proceso

Identifiquemos el proceso emocional en estas situaciones:

1) Un transeúnte es asaltado en la vía pública por un ladrón que lo amenaza con un revólver. Intente identificar el proceso emocional en la víctima, en el delincuente y en un espectador de la escena.

2) Una mujer acude al médico y éste le informa que está embarazada. Identifique el proceso en una mujer casada con una familia consolidada y en una chica de 16 años.

3) Una pareja mira una película romántica en el cine. Mientras la muchacha no puede contener las lágrimas, su novio permanece serio porque está pensando en sus problemas laborales.

4) Un fervoroso hincha de un equipo de fútbol mira un partido por la televisión y su equipo favorito convierte un gol.

5) Imagine otras situaciones, ponga otros ejemplos, observe algunas películas o fotografías de personas realizando diversas actividades tratando de analizar el proceso en sus protagonistas.

CAPÍTULO X

Manas

El doble aspecto de la mente

Tras estudiar el deseo y las emociones, nos toca analizar la Mente, que –por su naturaleza dual– es el punto de confluencia entre el yo inferior y el Yo Superior.

Existen dos facetas de la mente: una teñida de deseos (kamamanas) y otra trascendente (Manas) vinculada a nuestro verdadero Ser.

Anteriormente observamos la relación entre los pensamientos de la mente inferior y los deseos, profundizando en el nacimiento de las emociones como consecuencia de esta interacción.

Para poder unir e integrar la mente dual transformándola en un instrumento eficaz del Yo Superior debemos, en primer lugar, conocerla.

En Oriente se dice que "la misma mente que nos ata es la mente que nos libera" porque –en su ambivalencia– puede arrastrarnos a la materia o guiarnos a la liberación.

Ramiro Calle señala que: *"Como sea la mente, así actuará. Si la mente es un basurero, pondrá basura por todas partes, creará conflictos y se regocijará en su agresividad. Si la mente está tensa, transmitirá tensiones. Si la mente es ávida, evidenciará en todo momento su codicia, su desmedida ambición. Pero cuando la mente está en calma, procura serenidad; cuando la mente está en orden, crea orden y armonía. Con razón los yoguis indios invitan a la revolución mental y te dicen que comiences por arreglar tu mente y después ya arreglarás lo que te rodea. Cuando la mente cesa en su agitación, comienza a obsequiarnos con su gran tesoro".* (1)

Al canal de unión entre la mente inferior y la superior se le llama tradicionalmente "antakarana", que es un puente simbólico que debe construirse a lo largo de nuestras vidas, al mismo tiempo que alineamos y purificamos los vehículos del cuaternario.

Este puente es nuestra vía de contacto con el Alma espiritual, con la divinidad que mora en nosotros, con nuestro único Maestro.

Hay dos vías complementarias para construir este "puente" y que deben ser tenidas en cuenta por los discípulos para avanzar en el sendero: la Oración y la Meditación. No nos explayaremos en este momento sobre estas dos prácticas fundamentales de la tradición espiritual pero básicamente podemos decir que en la Oración nosotros hablamos mientras Dios escucha, en tanto que en la Meditación nosotros callamos para que Dios nos hable.

Tal vez prefiramos hablar del "Maestro Interno" o "la Voz del Espíritu" pero en todos los casos estamos refiriéndonos a lo mismo: la divinidad que habita en nuestro interior.

La oración es, a menudo, incomprendida porque se ha popularizado la idea que consiste en "pedir, pedir y pedir", en una súplica o un interesado "trueque" a un dios antropomórfico de barba blanca para que satisfaga nuestros deseos personales.

No obstante, *"la oración es una unión de mentes. No es una ocasión para súplicas personales, sino para la comunión espiritual. Hay un momento en que el alma dentro de nosotros y las partes más recónditas y profundas de nuestro ser, conversan con Dios sagrada, sincera y tranquilamente y expresan los anhelos más profundos de nuestro corazón y mente. [...] Cuánto más oremos con la actitud adecuada, más nos armonizaremos espiritualmente y será más abundante el flujo de las bendiciones que procedan del Cosmos a través del gran amor y misericordia de Dios".* (2)

La meditación, por su parte, también suele ser poco comprendida y muchas veces es confundida con la concentración, aunque ésta es –en realidad– un paso previo e indispensable tanto para la oración como para la meditación.

Cuento: La súplica

Los vecinos del místico musulmán Farid lograron persuadir a éste de que acudiera a la Corte de Delhi y obtuviera de Akbar un favor para la aldea. Farid se fue a la Corte y, cuando llegó, Akbar se encontraba haciendo sus oraciones.

Cuando, al fin, el emperador se dejó ver, Farid le preguntó: "¿Qué estabas pidiendo en tu oración?"

"Le suplicaba al Todopoderoso que me concediera éxito, riquezas y una larga vida", le respondió Akbar.

Farid se volvió, dando la espalda al emperador, y salió de allí mascullando: "Vengo a ver a un emperador... ¡y me encuentro con un mendigo que es igual que todos los demás!". (3)

El puente

Blavatsky se refería al "antakarana" revelando que *"los ocultistas lo definen como el sendero o puente entre el Manas superior y el inferior, el Ego divino y el Alma personal del hombre. Sirve como medio de comunicación entre ambos, y transmite desde el Ego inferior al superior todas aquellas impresiones personales y aquellos pensamientos de los hombres que pueden, por su naturaleza, ser asimilados o retenidos por la Entidad imperecedera y ser hechos así inmortales con ella, siendo ellos los únicos elementos de la pasajera Personalidad que sobreviven a la muerte y al tiempo. Así es lógico que sólo aquello que es noble, espiritual y divino en el hombre pueda en la Eternidad dar testimonio de haber vivido".* (4)

Por su parte, Alice Bailey lo define como *"el puente que el hombre construye –mediante la meditación, la comprensión y el trabajo creador y mágico del Alma".* (5)

Como constructor de este puente, el hombre puede considerarse simbólicamente un "pontífice" (etimológicamente pons, "puente" y facere, "hacer") siendo –al mismo tiempo– tanto el constructor como el puente mismo, atendiendo al célebre consejo oculto que reza: *"No puedes recorrer el Sendero antes de que tú te hayas convertido en el Sendero mismo"*. (6)

En la obra inda del siglo XIII conocida como "Dnyaneshwari", Krishna enseña algo similar al decir que *"cuando este Sendero es percibido... ya parta uno hacia las magnificencias del Oriente o en dirección de las cámaras del Occidente, sin moverse, oh, tú que empuñas el arco, está el viajero en este camino. En este Sendero, a cualquier lugar adonde uno quiere ir, aquel lugar se convierte en el propio yo de uno mismo"*.

Manas, la Mente Superior

En un capítulo anterior aseveramos que la Sabiduría Antigua postula que la mente y el cerebro son dos cosas diferentes, al mismo tiempo que decíamos que el materialismo trata de explicar los procesos mentales en función de secreciones glandulares, reduciendo nuestras emociones y pensamientos a simples procesos electroquímicos.

Aunque los filósofos antiguos de Oriente y Occidente ya habían incursionado en este tema, el pensador más reconocido por estudiar estos conceptos fue el francés René Descartes que resumió su pensamiento en la célebre frase "Pienso, luego existo".

Descartes comenzó buscando en su mente un conocimiento certero, dudando de todo y tratando de verificar si después de este proceso quedaba algún conocimiento.

De este modo, concluyó que muchos de los conocimientos que tenía, habían llegado a él por intermedio de libros, personas y testimonios de terceros, aunque muchas veces no se llegaba a analizar desde un punto de vista crítico la autoridad de estas fuentes.

El filósofo reflexionó acerca de esas muchas "certezas", que no siempre eran verificables y entonces llegó a la conclusión que era imprescindible librarse de sus viejas ideas antes de empezar su propia búsqueda filosófica.

Según el testimonio de Descartes, los cinco sentidos tampoco podían ser fiables y llevaban a muchos errores, pero entonces ¿de dónde podían obtenerse las certezas si no era a través de los sentidos? Finalmente determinó que las certezas debían hallarse en el intelecto.

Y como no podía dudar que estaba pensando, entonces concluyó que ese pensamiento tenía una existencia cierta y que era algo de diferente "sustancia" que la materia (el cerebro físico). Descartes estableció entonces una distinción muy clara entre una sustancia que denominó "yo pensante" y otra que llamó "objeto corporal".

Sin embargo, para la filosofía iniciática, la conciencia es independiente tanto de los pensamientos como de las emociones.

La postura que diferencia la mente y el cuerpo se llama "dualismo" y está en oposición a las posturas "monistas" que aseveran que el cerebro y la mente son una misma cosa.

Aunque la mayoría de los científicos contemporáneos se adscriban a un "monismo materialista", algunos pensadores modernos como Karl Popper o John Eccles han profundizado el estudio de la dualidad mente-cerebro, postulando la existencia de una doble interacción mente-cerebro.

Esta interacción es de abajo a arriba (de lo orgánico a lo psíquico) y de arriba a abajo (de lo mental a lo físico), por eso se llama a esta postura "dualismo interaccionista".

Volvamos a la Tríada Superior y a Manas en particular:

La Tríada Superior (Atma-Buddhi-Manas) posee la misma naturaleza que la chispa divina en nosotros (también llamada "Mónada"). Rigurosamente podemos señalar que es la misma Mónada pero *"disminuida por los velos de materia que la en-*

vuelven" (7), atendiendo a un concepto clave de la Sabiduría Esotérica: no somos un cuerpo que tiene un Alma espiritual sino un Alma espiritual encarnada en un cuerpo para interactuar con los planos más densos.

Esta Mónada necesita de estos vehículos pues por medio de ellos podrá desarrollar sus potencialidades y evolucionar hasta lograr la "re-integración", la "re-unión" con el Uno.

Manas es el instrumento de esta mónada para actuar en el plano de los pensamientos, tanto concretos como abstractos que usan al cerebro como un canal de comunicación entre la Mente y el cuerpo etero-físico.

Por esta razón, tradicionalmente se considera al cerebro como un "transformador", no como un "generador". Siendo así, el cerebro convierte una energía sutil en formas más entendibles y utilizables, que están (ahora sí) en relación directa con procesos físico-químicos.

Es cierto que los fármacos y las drogas pueden provocar reacciones químicas en nuestro organismo, pero la pretensión de ciertos investigadores que buscan desarrollar medicamentos *"que disminuyan o aumenten nuestros sentimientos hacia los demás"* (8) nos acerca peligrosamente a la sociedad artificial que nos presentó Aldous Huxley en su obra "Un mundo feliz", donde describe una humanidad de autómatas materialistas que ha optado por la eliminación del arte, la religión, la filosofía y la familia.

Los pensamientos concretos y los pensamientos abstractos difieren, en primer lugar, de su punto de origen: unos proceden de la mente inferior (Kama-manas) y otros de la Mente Superior (Manas).

La mente de deseos es la parte más sutil de nuestro cuaternario inferior pero —aun así— sigue siendo perecedera y no sobrevive mucho tiempo más a la muerte de nuestro cuerpo denso. La Mente Superior, por su parte, es la porción más densa de nuestro

Yo Superior o Tríada, y como tal trasciende al deceso corporal y renace con cada nueva encarnación.

Siendo conscientes del lugar que ocupa Manas en nuestra constitución septenaria, pasaremos ahora a analizar cuáles son sus dos funciones principales:

1) Servir de canal orgánico al pensamiento abstracto.

2) Rememorar las vivencias de existencias pasadas en conexión con la intución (Buddhi).

1) Como órgano para la manifestación del pensamiento abstracto, podemos determinar que *"la formación de conceptos abstractos depende de las vibraciones de la materia constitutiva de este vehículo de conciencia. Así como los sentimientos y sensaciones se deben a vibraciones del cuerpo emocional, y los pensamientos concretos se deben a vibraciones del mental inferior, asimismo los pensamientos abstractos se deben a vibraciones producidas en el Cuerpo Causal"* o Manas. (9)

¿Qué entendemos por pensamiento abstracto? En primer lugar, el pensamiento abstracto es aquel que nos permite retener lo esencial de un todo, reduciendo los componentes básicos de información de un fenómeno para poder separar y clasificar al todo en partes.

De este modo pueden comprenderse e interiorizarse las propiedades comunes, lo cual permite pensar y actuar en forma simbólica.

Taimni pone un ejemplo muy claro: el Triángulo. Y dice: *"Es posible dibujar o imaginar innumerables triángulos de todas formas y tamaño: isósceles, rectángulos escalenos, equiláteros, etcétera. Pero sea cual sea la forma y el tamaño de todos los triángulos que dibujemos o imaginemos, existen algunas peculiaridades comunes a todos ellos, que son precisamente las que los hacen triángulos. Son las propiedades distintivas de todo triángulo. Las matemáticas han definido claramente estas propiedades distintivas. Y si examinamos todos los triángulos que es posible imaginar, encontraremos que todos tienen esas propiedades. Por* tanto, podemos abstraer de estos triángulos esas propiedades, y concebir un triángulo ideal. Este triángulo ideal no tendrá forma ni tamaño; será un mero concepto. No podemos imaginarlo con nuestra mente, porque inmediatamente que lo imagináramos sería ya un triángulo concreto particular.

»De modo similar podemos tomar otra figura geométrica, un círculo o un cuadrilátero, y de los innumerables círculos y cuadriláteros que podamos imaginar podemos abstraer las cualidades particulares de estas figuras, y formarnos el concepto de un círculo, o el de un cuadrilátero. En forma similar podemos proceder en otros campos del pensamiento". (10)

La abstracción (del latín "abstractio", "sacar fuera de") es un proceso interno que consta de tres partes fundamentales:

a) Captación del fenómeno externo a través de los cinco sentidos, también llamada "concreto-sensorial" porque depende de nuestra naturaleza sensorial y puede ser vista, tocada, medida, gustada, olida.

No obstante, bien sabemos que nuestros sentidos son imperfectos y que no nos dejan apreciar la realidad sino parte de ella. Esta realidad se denomina "concreto-real" y no podemos acceder a ella guiados solamente con los cinco sentidos. La filosofía señala que podemos acceder a este "concreto-real" mediante el pensamiento abstracto, dejando de lado las ilusiones pero aún sabiendo que estas conclusiones no son el "concreto-real" sino el "concreto-pensado". Dicho de otro modo: para llegar a la esencia, el pensamiento debe seguir un largo sendero en el que deben hacerse diversas abstracciones que nos permitirán dejar de lado los rasgos que no son esenciales y que nos llevarán a la comprensión íntima de cada fenómeno.

De acuerdo con Raúl Rojas Soriano, el concreto-pensado o mental "es el producto más acabado que se obtiene del proceso de conocimiento sobre determinado fenómeno. El concreto-mental permite descubrir la esencia de los procesos, es decir, las leyes que rigen su origen, desarrollo y transformación. Es la síntesis de los conocimientos adquiridos en la investigación *científica (conceptos, leyes, teorías) a partir de la cual se puede alcanzar una comprensión y explicación científica de los aspectos y vínculos de los fenómenos".* (11)

Tras la captación sensorial, el proceso de abstracción para construir este "concreto-pensado" implica una "elevación", una "separación" que nos permite comprender el fenómeno en su totalidad.

Este proceso consta de dos partes: el análisis y la síntesis.

b) El análisis consiste en una descomposición del todo en partes para comprender su estructura y sus funciones, yendo de lo concreto a lo abstracto.

c) La síntesis implica la re-composición de los elementos que han sido separados para componer un nuevo cuerpo o conjunto. De este modo se logra la comprensión de las características y vínculos esenciales de los fenómenos percibidos.

De esta manera, podemos entender que *"el fin del análisis estriba en llegar al conocimiento de las partes como elementos de un todo complejo, en ver qué nexos se dan entre ellos y las leyes a que está sujeto el todo en su desarrollo. No obstante, el análisis lleva al desglose de una esencia no ligada aún a las formas concretas de su manifestación; la unidad, que sigue siendo abstracta, no ha sido descubierta todavía como unidad en la diversidad. La síntesis –es decir, la unión, formando un todo íntegro, de las partes, propiedades y relaciones delimitadas por medio del análisis–, yendo de lo idéntico, de lo esencial, a la diferenciación y multiplicidad, une lo general y lo singular, la unidad y la multiplicidad en un todo concreto, vivo. La síntesis completa al análisis y forma con él una unidad indisoluble".* (12)

Taimni señala que *"si conocemos innumerables hechos o detalles de un tipo particular, pero no percibimos la relación subyacente entre ellos, no conocemos su índole o cualidad esencial, su esencia. No sólo no los conocemos adecuadamente, sino que no podemos utilizarlos bien en nuestro trabajo. Una cantidad de hechos inconexos y no relacionados, no es sino un montón de basura. Pero si se descubre el principio subyacente que conecta esos hechos, se convierte en material valioso que puede utilizarse de muchas maneras".* (13)

El órgano físico que utilizamos para pensar de manera abstracta es el cerebro y cualquier deterioro a éste puede afectar nuestro pensamiento abstracto, del mismo modo que si dañáramos nuestro equipo de radio no podríamos recibir adecuadamente las ondas para escuchar la emisión remota.

Sin embargo, el cerebro es el único medio físico con el que contamos para reproducir (aunque de manera débil) las vibraciones que se producen en Manas. Taimni señala que *"esas vibraciones se reflejan de vehículo en vehículo hasta aparecer en el cerebro físico; pero en el camino pierden mucha de su intensidad y claridad. En el plano mental superior los pensamientos abstractos no tienen la vaguedad y poca definición con que aparecen aquí abajo, sino son realidades precisas que se pueden percibir por medio de las facultades del cuerpo Causal".* (14)

Los clarividentes más evolucionados pueden observar el huevo aúrico de Manas con su diversidad de tonalidades. Estos colores y su extensión determinan el grado evolutivo de los seres humanos. Recordemos que cada vehículo tiene su propia aura, siendo la física de carácter electromagnético y observable fácilmente con equipos tecnológicos (ej. cámara Kirlian), aunque las auras más sutiles (del cuerpo vital, emocional, mental inferior, etc.) no pueden ser detectadas por máquinas físicas y sí por personas que han logrado desarrollar sus poderes latentes.

Existen varios grados de clarividencia. La mayoría de los clarividentes (descartando, obviamente, a la gran cantidad de farsantes que dicen serlo) puede observar las auras de los cuerpos físico y vital, y solamente unas pocas personas alcanzan a percibir con claridad el aura de Manas, sabiendo distinguir cada una de las envolturas áuricas que se suceden unas a otras como las capas de una cebolla.

2) Mientras que en Buddhi se almacenan los frutos de la evolución humana, a través de Manas se pueden rememorar las

vidas pasadas. Ciertamente nuestro cerebro físico no puede acceder a este caudal de conocimientos ni siquiera con la ayuda de la mente concreta. Solamente cuando se logra construir el antakarana, el puente de unión entre el Ego y la personalidad, el ser humano puede llegar a conocer con certeza los registros de pasadas encarnaciones.

Sin embargo, dichos recuerdos no son de gran valor para quienes aún no comprenden en profundidad el propósito de la existencia y sólo serán de utilidad cuando hayamos avanzado lo suficiente en el camino espiritual.

Las llamadas "regresiones" a vidas pasadas pueden ser fiables si son guiadas por personas calificadas, aunque en la mayoría de los casos simplemente se trata de simples proyecciones imaginarias surgidas de nuestra inquieta mente de deseos, que toma por válidas y ciertas una serie de fantasías que no suelen tener un valor significativo.

En Manas también se almacena el Karma acumulado en las anteriores existencias (Sanchita) en forma de "semillas" que en algún momento germinarán y se manifestarán en esta vida o en futuras encarnaciones. Como en este vehículo residen las "causas" de muchos de los sucesos de nuestra vida, también se le llama "cuerpo causal". (15)

El desarrollo de Manas

"La mente inferior agrupa hechos detallados, y la mente superior los fusiona en una generalización. Cuanto más altamente desarrollado esté el cuerpo Causal, más fácilmente podrá ver estas relaciones entre los hechos". (Ikbal Kishen Taimni)

Ciertamente el desarrollo de Manas es muy lento y se necesitan muchas encarnaciones para poder construir un antakarana consistente. Por eso, la labor en el "aquí y ahora" debe comenzar por la purificación del Cuaternario. Eso no quiere decir que debamos olvidar el entrenamiento de la mente superior, pero sí es importante recordar que mientras no refinemos los vehículos inferiores (en especial los cuerpos relacionados con el deseo, es decir el Emocional y el Mental inferior), no podremos establecer un vínculo sólido con nuestra Alma espiritual y con los vehículos de la Tríada Superior.

Anteriormente señalamos que hay dos vías para construir el puente: la Oración y la Meditación. Teniendo en cuenta ese trabajo fundamental, pasaremos ahora a describir las prácticas más importantes para comenzar a trabajar con nuestra Mente Superior.

En primer lugar debemos centrarnos en el ejercicio del pensamiento abstracto, donde podremos encontrar un camino cierto, seguro y confiable para desarrollar nuestra Mente: las matemáticas.

Las matemáticas surgieron como consecuencia de la abstracción de la información percibida por los sentidos, siendo los números la primera de esas abstracciones. También la recta, la circunferencia (líneas perfectas regulares y sin grosor) son abstracciones.

Estas abstracciones que están ligadas a la observación de la realidad surgieron como necesidades: la numeración, de la necesidad de contar, y las figuras geométricas se originaron del apremio por delimitar los terrenos, medirlos, evaluarlos, etc.

Debido a su naturaleza de abstracción, las matemáticas son universales y poseen un lenguaje que –al igual que el simbolismo esotérico– puede ser comprendido sólo por los "iniciados", por aquellos que se han adentrado en sus misterios. Esta característica de universalismo no está presente en otras áreas del conocimiento, que suelen estar supeditadas a un idioma (por esta razón, el mundo científico siempre ha buscado una lengua universal para comunicarse: el latín, el francés, actualmente el inglés).

La escuela iniciática de los pitagóricos se relacionó directamente con el estudio de las matemáticas, profundizando en los misterios de los números e interpretando la realidad desde una perspectiva mística fundamentada en esta ciencia del pensamiento abstracto.

Paolo Lamanna dice que *"la afirmación fundamental de los pitagóricos es que el número es la sustancia de las cosas y la causa generadora de los fenómenos en su armónico ordenamiento. (…) Parece cierto que a los pitagóricos les corresponda la gloria de haber creado la matemática como teoría de los números y de las figuras en sí mismas –con abstracción de las cosas– y de haber así transformado en ciencia, es decir, en indagación de leyes universales, lo que hasta entonces era (…) simplemente un conjunto de normas empíricas útiles para calcular y medir".* (16)

Muchas personas aborrecen las matemáticas porque en la escuela y en la enseñanza media sus profesores no han sabido explicarle el valor y la utilidad que tienen la aritmética, la geometría, el álgebra, etc., Sin embargo, si prestamos atención a su valor como herramienta para el desarrollo del pensamiento abstracto, es de gran importancia volver a repasar, comprender y disfrutar los conceptos matemáticos fundamentales como una buena forma de empezar a entrenar a Manas. Si las matemáticas clásicas nos parecen inaccesibles o aburridas, podemos recurrir a ejercicios de lógica, o incluso a obras clásicas como "El hombre que calculaba" de Malba Tahan, los divertimentos del célebre Sam Lloyd, etc. También hay otra posibilidad para ejercitar el pensamiento abstracto y que pocos toman en cuenta: los juegos de mesa, en especial el ajedrez y, más que nada, el Go japonés.

"El primer hombre que observó la analogía entre un grupo de siete peces y un grupo de siete días logró un avance notable en la historia del pensamiento. Fue el primer hombre que concibió un concepto que pertenecía a la ciencia de las matemáticas puras".
(Alfred North N. Whitehead, Science and the Modern World)

Los juegos de mesa, el ajedrez y el Go

Muchos juegos de mesa –además de ser una forma excelente para reforzar amistades y vínculos familiares– pueden ser una buena forma de ejercitar la mente concreta (a través de la concentración) y a la Mente Superior (mediante el pensamiento abstracto).

A contramano de las nuevas tecnologías y de los sofisticados videojuegos, existe en el viejo mundo (en especial en Alemania) un resurgimiento de los juegos de mesa que es desconocido en Iberoamérica. Aunque estas nuevas alternativas lúdicas sean de gran interés, también podemos citar a dos juegos milenarios como el ajedrez y el Go japonés que mantienen total vigencia y que igualmente brindan las herramientas necesarias para desarrollar nuestra Mente Superior mediante el pensamiento abstracto.

El ajedrez es un juego estratégico muy popular en occidente basado en una serie de movimientos tácticos para derrotar al adversario. Dejando de lado su simbolismo esotérico (que es muy rico y que analizaremos en otra ocasión), el ajedrez se fundamenta en una serie de planes que realiza cada uno de los jugadores y que dependen en gran medida del uso correcto de las facultades de su mente concreta o kama-manas. No obstante, la estrategia ajedrecística a largo plazo durante una partida necesitará también la ayuda fundamental de nuestro pensamiento abstracto.

En el Torneo Internacional de Ajedrez disputado en Moscú (1925) se estudió a doce ajedrecistas de élite *"a los que se le pasaron pruebas sobre memoria, atención, funciones intelectuales y tipos de imaginación, incluida la prueba de Rorschach. Los resultados de este estudio confirmaban la habilidad de estos sujetos en cuestiones de memoria relacionadas con el tablero y con las piezas, así como mayor habilidad para prestar atención a varias cosas al mismo tiempo y disfrutar de una capacidad para el pensamiento abstracto superior a lo normal. No se concluyó que su inteligencia fuese mayor que la del resto de la población"*. (17)

En el tradicional juego japonés del Go, donde también hay un enfrentamiento táctico con piezas blancas y negras, se recurre tanto a las facultades de kama-manas como a las de Manas.

El campeón mundial de ajedrez Emanuel Lasker aseveró en una ocasión que: *"Mientras que las barrocas reglas del Ajedrez sólo podrían haber sido creadas por los humanos, las reglas del Go son tan elegantes, orgánicas y rigurosamente lógicas que si existen formas de vida inteligentes en cualquier parte del Universo, seguramente juegan al Go"*. (18) Por esta razón, se puede afirmar que "la diferencia entre el ajedrez y el Go está precisamente en que este último permite acceder a niveles superiores de la mente, niveles que en general son poco utilizados". (19)

Franklin Bassarsky señala que *"el hecho de que el Go sea un juego simple y tan complejo como se quiera, natural, general y abstracto, lo convierte en una fuente de inspiración para aplicar los conocimientos de Go a todo tipo de situaciones en las que hay comunicación, cooperación o conflicto, es decir a casi todas las interacciones humanas. Muchos dicen que "el Go es como la vida", y esto ciertamente no es una exageración o un slogan. Es decir que esas propiedades de simpleza, generalidad, naturalidad y abstracción hacen que las situaciones que se producen en una partida de Go puedan ser consideradas parecidas a muchas otras situaciones, totalmente ajenas al Go y a cualquier juego"*. (20)

Los libros sagrados y su relación con Manas

Además del desarrollo del pensamiento concreto, otra forma de trabajar directamente sobre Manas (en conjunto con el cuerpo intuicional) es mediante la meditación y el estudio de literatura sagrada.

¿Qué tipo de obras trascendentes nos pueden ayudar para esta finalidad? En primer lugar los Libros Sagrados de las grandes religiones, en especial "La Biblia", "El Corán", "El Bhagavad Gita", "Tao Te King", "El Libro de los Muertos", "El Dhammapada", etc. En segundo lugar obras inspiradoras clásicas como "Imitación de Cristo", "A los pies del Maestro", "Luz en el Sendero", "La Voz del Silencio", etc.

Finalmente podemos leer también biografías de los grandes Maestros y de los instructores de la humanidad: de Ramakrishna, Francisco de Asís, Meister Eckhart, Louis Claude de Saint-Martin, Ramana Maharshi, etc.

Toda esta literatura actúa en nuestra Alma espiritual por IMPREGNACIÓN y no debe ser leída intelectualmente sino como fuente de inspiración espiritual, atendiendo a los modelos que nos brindan para nuestro avance y desarrollo espiritual. De esta manera Cristo, Krishna y Buddha, dejan de ser personajes lejanos en el tiempo y el espacio, y se convierten en nuestros compañeros de senda, en ejemplos a seguir y verdaderos modelos de perfección en el "aquí y ahora".

De esta forma podemos comprender íntimamente la acepción rosacruz conocida como "cristificación" o "imitación de Cristo", y que puede ser sintetizada en la frase neotestamentaria: *"Si alguno quiere venir en pos de mí, niéguese a sí mismo, y tome su cruz, y sígame"*. (Mateo 16:24)

Este proceso no es exclusivo del cristianismo sino también del budismo, del hinduismo y las otras corrientes espirituales tradicionales de Oriente y Occidente, por lo cual podría hablarse (perdonándonos el barbarismo lingüístico) de "buddhificación" y "krishnificación", aunque esta terminología no sea utilizada verdaderamente en la tradición oriental.

Taimni habla sobre esta segunda forma de trabajar con la Mente Superior y dice que este método *"consiste en dedicarse a reconstruir sistemáticamente su carácter propio, buscando una perfección global. Todas aquellas cualidades tales como la veracidad, el valor, la humildad, que se mencionan en el Bhagavad Gita y otras Escrituras sagradas del mundo, deben formar parte permanente de nuestro carácter mediante la práctica de la meditación y el ejercicio de ellas mismas en la vida diaria. Es un proceso largo y tedioso que se extiende por varias vidas, pero es un trabajo que hay que hacer si se quiere que el Alma se convierta* en un instrumento idóneo de la Vida Divina, en un centro por el cual fluyan el amor, el poder y la sabiduría de Dios.

»Cuando el proceso esté terminado, el cuerpo Causal será un objeto resplandeciente, un enorme globo de brillante gloria que no podemos ni concebir en el plano físico. Tales son los cuerpos Causales de los Maestros de Sabiduría que han alcanzado ya toda la perfección en cuanto concierne a estos mundos inferiores". (21)

CAPÍTULO XI

Buddhi y Atma

El segundo de los componentes de la Tríada Superior es Buddhi, nuestro vehículo intuicional, que está por encima de Kama-manas y es complementario de Manas, y por esta razón sus funciones no son fácilmente asequibles desde una perspectiva intelectual.

Teniendo en cuenta esta advertencia, intentaremos comprender las funciones de Buddhi, aún sabiendo que muchas de ellas no pueden ser descritas correctamente con nuestro lenguaje ordinario.

La inmensa felicidad que experimentan los místicos de Oriente y Occidente cuando trascienden la mente y acceden al plano búddhico nunca ha podido ser comunicada adecuadamente, y por lo tanto Santa Teresa, San Juan de la Cruz, Rumi, Sankara o Ramakrishna, tuvieron que recurrir a la poesía y a las alegorías para describir la beatitud de sus experiencias trascendentes.

Teresa de Ávila reveló esta gran dificultad en su monumental obra "Las Moradas", declarando: *"Son tan oscuras de entender estas cosas interiores, que a quien tan poco sabe como yo, forzado habrá de decir muchas cosas superfluas y tan desatinadas, para decir alguna que acierte. Es menester tenga paciencia quien lo leyere, pues yo la tengo para escribir lo que no sé; que cierto algunas veces tomo el papel, como una cosa boba, que ni sé qué decir ni cómo comenzar"*. (1)

La poesía es un recurso común de los místicos para expresar lo inefable. Por este motivo, Louis Claude de Saint-Martin señala que: *"los místicos hablan el mismo idioma, pues vienen del mismo país"*. (2)

Roland de Reneville afirma que *"los pueblos de la antigüedad no establecían distinción precisa entre los místicos y los poetas.*

Los veneraban igualmente como a mensajeros de los dioses. Las experiencias de los unos y de los otros se interpenetraban de tal suerte que, con derecho, se podía confundirlos. Los Vedas, los aforismos de Lao Tsé son poemas. Las grandes obras que la civilización griega elaboró están secretamente cargadas de una enseñanza que sus autores habrían recibido en el momento de su iniciación en los Misterios. El Antiguo y el Nuevo Testamento, enteramente construidos en períodos ritmados, iluminados por imágenes grandiosas, fueron, durante largo tiempo el libro básico de la poesía occidental". (3)

Apreciemos dos buenos ejemplos de esta poesía mística:

Poema de Mansur Al-Hallaj

Tengo un Bien Amado que visito en las soledades
Presente y ausente a las miradas
Tú no me ves escucharle con el oído
Para entender las palabras que Él dice
Palabras sin forma ni pronunciación
Y que no se parecen a la melodía de las voces
Es como si dirigiéndome a Él
Por el pensamiento, yo me dirigiera a mí mismo
Presente y ausente, próximo y lejano
Las figuras de los calificativos no pueden contenerle
Él está más cerca que la conciencia para la imaginación
Y más oculto que los pensamientos evidentes

Poema de Kabir

¡Amigo querido, estoy ansioso por reunirme con mi amado! Mi juventud está en flor, y la pena de mi separación de Él perturba mi pecho.
Vago, entretanto, sin objeto, por las avenidas del saber; pero he recibido en estas avenidas del saber noticias de Él.
Tengo una carta de mi Amado: en esta carta hay un inexpresable

mensaje, y ahora mi temor de la muerte se ha desvanecido del todo.

Kabir dice: "¡Oh, mi Amante amigo! Yo he recibido un presente Inmortal.

Las funciones de Buddhi

Antes de pasar a reseñar las funciones de Buddhi, debemos recordar su carácter "multifuncional" que Taimni nos recalca señalando que este vehículo *"capacita a la conciencia para funcionar de muchas maneras que aquí abajo, en los campos de la mente, parecen como diferentes entre sí. Puede que en el plano intuicional estas diferentes maneras de expresión no parezcan esencialmente diferentes, como parecen cuando las vemos a través del prisma del intelecto".* (4)

Las funciones de Buddhi son las siguientes:

a) Comprensión: Una claridad que trasciende a la mente, es decir que este entendimiento no es mental sino intuicional. De este modo, *"la mente apenas puede combinar las impresiones que recibe de un objeto a través de los sentidos, y con ellas forma una imagen compuesta. Pero a menos que la luz de Buddhi ilumine esa imagen, no podemos comprender ese objeto".* (5)

b) Inteligencia: La verdadera inteligencia no está relacionada con un desarrollo del intelecto y es así que un coeficiente intelectual (I.Q.) elevado no implica necesariamente un grado más avanzado de desarrollo ni de inteligencia.

En su acepción original del sánscrito, "Buddhi" significa *"inteligencia"* y como bien dice Iyengar: *"el intelecto obtiene el conocimiento (vidya), mientras que la inteligencia experimenta, filtra y siente el conocimiento (buddhi), que nos lleva a la sabiduría. Vidya es conocimiento obtenido a través del intelecto, y buddhi, –la inteligencia– purifica el conocimiento".* (6)

Por esto, es menester diferenciar el desarrollo intelectual de la auténtica inteligencia, que es una facultad propia de Buddhi.

c) Discernimiento: Esta es uno de los primeros requisitos fundamentales para hollar el sendero. La obra "A los pies del Maestro" dice que *"la primera cualidad es el **discernimiento.** Se denomina así, generalmente, a la facultad de distinguir entre lo real y lo ilusorio, y la cual guía a los hombres para entrar en el Sendero. Pero también es mucho más que esto, y debe practicarse no tan sólo en los comienzos del Sendero, sino en cada una de sus etapas, diariamente, hasta el fin. Vosotros entráis en el Sendero porque habéis aprendido que tan sólo en él pueden encontrarse las cosas dignas de ser alcanzadas. Los que no saben esto trabajan para adquirir riqueza y poder, pero esto dura a lo más una vida tan sólo y, por lo tanto, no es real. Hay bienes mayores, reales y perdurables, cuando los hayáis alcanzado, ya no desearéis jamás aquellos otros".* (7)

La diferencia entre inteligencia y discernimiento podría decirse que es sólo de grado, ya que la primera se manifiesta cuando la luz de la intuición ilumina los acontecimientos de la existencia, mientras que la segunda aparece cuando se ahonda en los mismos disipando los velos de la ilusión.

d) Reconocimiento de las "coincidencias" de la vida: la enseñanza esotérica asegura que no hay "casualidades" sino "causalidades", por eso es de capital trascendencia el descubrimiento de las sincronicidades, recurrencias y coincidencias que se van presentando en nuestra vida.

El llamado "efecto mariposa" recoge esta idea y se basa en un proverbio chino que reza: "el aleteo de las alas de una mariposa pueden provocar un Tsunami al otro lado del mundo".

Ciertamente, los eventos sincrónicos que pueden afectar profundamente nuestra vida son muchos. Pensemos cómo conocimos a nuestros amigos o a nuestra pareja. ¿Y si en vez de elegir tal universidad hubiera elegido otra? ¿Y si en vez de dedicarme a tal oficio hubiera elegido otro? Sin duda, la vida nos ofrece siempre una multiplicidad de opciones y muchas de ellas se presentan como "casualidades". Como la mayoría de las veces no estamos concentrados y nos quedamos rememorando el pasado o fantaseando con el futuro, dejamos pasar las oportunidades valiosísimas del presente, del "aquí y ahora".

En eso consiste esta facultad de Buddhi: de reconocer las oportunidades que nos brinda la vida. En ocasiones, nuestra visión limitada necesita ayuda para poder ver más allá de lo evidente y por esta razón, los buscadores recurren muchas veces a algunas herramientas iniciáticas como el I Ching, las Runas o el Tarot que no son juegos adivinatorios para fantasear con el futuro sino auténticos despertadores de conciencia para entrar en sintonía con los eventos que los profanos toman por "casualidades".

El desarrollo de Buddhi

Según el indio Iqbal Taimni: *"Cuando la conciencia Búddhica empieza a desarrollarse en un hombre de temperamento emotivo, aparece como intenso amor en forma de devoción; mientras que en un hombre de tipo intelectual aparece como capacidad de ver con mucha claridad todos los problemas fundamentales de la vida. Al profundizarse ese amor o esa visión, surge gradualmente un nuevo estado de conciencia que generalmente llamamos sabiduría. Esta naturaleza dual de la Intuición es la que nos permite adoptar uno entre dos medios para desarrollarla: o por medio de la Devoción, ese intenso amor que se entrega totalmente al objeto de devoción, o por medio del Discernimiento, esa inteligencia inquisidora que puede superar todas las ilusiones de la mente y entrar en contacto con la vida que está más allá de la mente. Esto no significa, desde luego, que el amor o la inteligencia sean suficientes por sí solos, sino que uno de estos dos aspectos de la conciencia predominará en las primeras etapas hasta fusionarse finalmente en un estado de conciencia que no es ni puro amor ni pura inteligencia sino una síntesis de ambos".* (8)

¿Cómo lograr un desarrollo de Buddhi? Insistiremos una vez más que tanto el desarrollo de Manas como de Buddhi necesita de muchas vidas, de muchas experiencias diferentes, por lo cual no es posible que en pocas semanas o en pocos años desarrollemos lo que no hemos logrado en múltiples existencias. Sabiendo esto y siendo conscientes que debemos cultivar la paciencia antes que nada, daremos algunos consejos para empezar a trabajar esta faceta de nuestro Yo Superior.

En los tiempos del "llame ya" y del "fast food", la paciencia puede parecer una virtud anacrónica, pero desde un punto de vista trascendente es una necesidad y una herramienta poderosa. Pero "paciencia" no significa "resignación" y todo paso que demos hacia la meta –por más pequeño que sea– nos acercará un poco más a la autorrealización y la liberación.

Una de las técnicas para el desarrollo de Buddhi ya la hemos citado muchas veces: la auto-observación. Aunque esta práctica parezca sencilla, en realidad es muy complicada y necesita de esfuerzo y dedicación. Sobre este punto, el georgiano Georges Gurdjieff aconsejaba a sus discípulos:

"La observación de sí es muy difícil. Mientras más traten, más claramente lo verán. Por ahora deberían practicarla no para obtener resultados, sino para comprender que no pueden observarse a sí mismos. En el pasado se imaginaban que se veían y se conocían.

»Hablo de la observación objetiva de sí mismos. Objetivamente ustedes no pueden verse a sí mismos ni por un solo minuto, porque es una función diferente, la función del amo.

»Si les parece que pueden observarse durante cinco minutos, es falso; por veinte minutos o por un minuto, es igualmente falso. Si ustedes simplemente se dan cuenta que no pueden, esto será correcto. Llegar a esto es su meta.

»Para alcanzar esta meta, deben tratar y tratar. Cuando traten, el resultado no será, en el verdadero sentido, observación de sí; pero el intentarlo reforzará su atención y aprenderán a concentrarse mejor. Todo esto será útil más tarde. Sólo entonces puede uno empezar a recordarse a sí mismo". (9)

La auto-observación es beneficiosa con relación a **todos** los vehículos. Desde una óptica meramente física es buena porque podemos tener conciencia de nuestros hábitos, nuestros vicios, incluso la dieta que llevamos. Con respecto al deseo y la mente, la auto-observación nos ayuda a comprender nuestras motivaciones, nuestras tendencias y el conflicto entre la voluntad y el deseo.

Con respecto a Buddhi, la auto-observación es una herramienta de gran valor porque nos ayuda a tener discernimiento, a comprender la naturaleza ilusoria de Maya y a ser más conscientes de las recurrencias, coincidencias y casualidades.

Esta primera forma de desarrollar Buddhi se basa en el intelecto, es decir mediante el uso de nuestras facultades mentales para acceder a nuestra naturaleza intuicional.

Como señalamos anteriormente citando al teósofo Taimni, Buddhi posee una naturaleza dual, o sea que puede ser desarrollada por medio del discernimiento y la inteligencia, o bien por medio de la práctica devocional.

La devoción pura a través de una canalización sincera de nuestros sentimientos más elevados también nos permitirá desarrollar nuestra Intuición. Recordemos que todo ejercicio devocional –aunque tenga diferentes formas– está dirigido al Uno sin segundo como bien señala Krishna en el Bhagavad Gita al instruir a Arjuna: *"Cualquiera que sea la forma de adoración, Yo en verdad inspiro la fe de quien devotamente adora. Y movido por la fe, el adorante alcanza de su dios los beneficios que de él impetra. Pero verdaderamente Yo soy el dispensador de todo beneficio".* (Gita 7:21)

La creación artística consciente, canalizadora de la belleza más pura, es otra forma de entrar en contacto y potenciar nuestra naturaleza intuicional, por eso los artistas también pueden alcanzar el desarrollo de Buddhi mediante la pintura, la escultura, la música, el canto, el teatro, la danza, la poesía, etc.

Las posibilidades de desarrollo de Buddhi son inmensas, pero el control protagónico que cobran el cuerpo emocional y la mente de deseos en la vida cotidiana no deja espacio para que este vehículo intuicional se manifieste en plenitud, impidiéndonos que veamos las cosas tal como son, sin llegar a comprender la significación íntima de cada evento y situación más allá de lo evidente.

Proceso emocional y Buddhi

En un capítulo anterior estudiamos el proceso emocional y señalamos que podíamos hablar de un proceso "mecánico" relacionado con el cuerpo emocional y la mente de deseos, y de un proceso "consciente" fundamentado en la auto-observación y el desarrollo de Manas y Buddhi.

Mientras que en el proceso mecánico estamos sujetos a los caprichos del cuerpo emocional y la mente de deseos, al tomar conciencia del proceso podemos llegar a controlar nuestras emociones (¡controlarlas, no reprimirlas!) y entender mejor la significación última de los eventos de nuestra vida.

En el proceso mecánico, el individuo es **reactivo**, es decir que "reacciona" automáticamente a los estímulos y está condicionado por lo externo, mientras que en el proceso consciente, el individuo pasa a tomar las riendas, es **proactivo** y está supeditado a lo interno.

Observemos la siguiente gráfica donde se comparan los dos procesos:

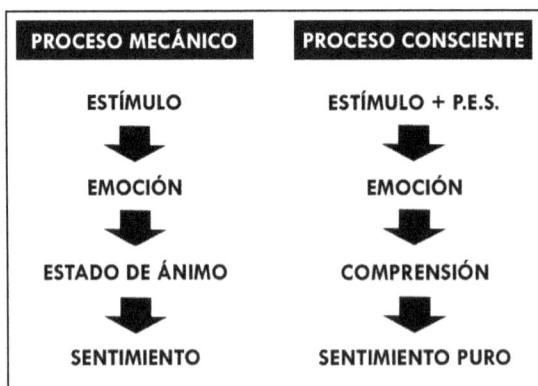

PROCESO MECÁNICO	PROCESO CONSCIENTE
ESTÍMULO	ESTÍMULO + P.E.S.
↓	↓
EMOCIÓN	EMOCIÓN
↓	↓
ESTADO DE ÁNIMO	COMPRENSIÓN
↓	↓
SENTIMIENTO	SENTIMIENTO PURO

En el proceso mecánico, el estímulo externo o interno está vinculado a los sentidos o a la memoria. En el proceso consciente, puede existir una percepción extra-sensorial (P.E.S.), basada en una visión clara más allá de lo evidente y del filtro de los sentidos. Las personas sensibles que pueden captar la energía o las "malas ondas" de ciertos lugares –originadas por vibraciones telúricas, influencias sutiles, formas de pensamiento, etc.– suelen recibir estos estímulos que no están relacionados ni a los cinco sentidos conocidos ni a la memoria.

No obstante, esta lucidez perceptiva está subordinada al desarrollo de Buddhi, que es quien puede reconocer, comprender e interpretar conscientemente las lecciones de la Escuela de la Vida. Todas las personas tienen –en algún momento de su vida– estos "chispazos" de lucidez, pero cuando desaparecen vuelven a actuar en forma mecánica y a interpretar los acontecimientos de la manera habitual.

Al poder captar la esencia última de los eventos cotidianos, la emoción puede purificarse, ya que existe una comprensión íntima de la vida como una Escuela y que todos los acontecimientos no son buenos ni malos en sí mismos sino que son necesarios para nuestro crecimiento. Existe el placer. Existe el dolor. Pero el hombre consciente sabe colocarse por encima de estas dicotomías ilusorias de placer-dolor, atracción-repulsión, etc.

Mientras no desarrollemos Buddhi, estaremos a merced de las interpretaciones erróneas y las fantasías del cuerpo emocional y la mente de deseos.

Los sentimientos ordinarios están subordinados al deseo y a la oposición atracción-repulsión. En el proceso consciente, las emociones son purificadas mediante la comprensión y los sentimientos originados son cristalinos pues están vinculados a la Tríada superior.

Los artistas que canalizan a los sentimientos ordinarios para sus obras, producen un arte profano y efímero. Por otro lado, aquellos que pueden sintonizarse con sus sentimientos más puros y lúcidos están en condiciones de crear un arte superior, sagrado y eterno, que sirva como puente hacia lo Bueno, lo Bello, lo Justo y lo Verdadero. La fuente de inspiración de los primeros es astral (emocional) mientras que la de los últimos es búddhica (intuicional).

"Acepta por igual el placer y el dolor, la ganancia y la pérdida, el triunfo y la derrota, y apréstate a la batalla".
(Bhagavad Gita, II, 38)

Atma, Dios en nosotros

"El Ser Superior es Atma, el rayo inseparable del Ser Universal Uno" (Helena Blavatsky, "La Doctrina Secreta")

Atma es la parte más elevada de nuestro Ser y es de la misma naturaleza del Absoluto, por eso también suele denominarse "Dios en nosotros". El mismo vocablo "atma" significa "yo" en sánscrito, es decir nuestra verdadera identidad o nuestro "Yo más alto".

No es fácil abordar el estudio de Atma, ya que las pocas personas que pueden referirse a este vehículo con propiedad son los místicos y ellos −como vimos antes− nos han advertido que las palabras no son de gran utilidad para describir estas realidades trascendentes.

¿Qué conocemos acerca de Atma? En primer lugar sabemos que es el vehículo donde se manifiesta la Voluntad Divina y por eso nuestro principal objetivo es compatibilizar nuestra existencia terrenal con esa Voluntad trascendente.

En un capítulo anterior hablábamos del "Propósito en la vida" (Dharma) y en la necesidad imperiosa de establecer un "Proyecto de vida" que nos lleve hacia ese propósito hasta que ambos se conviertan en uno solo.

Del mismo modo podemos afirmar que debemos trabajar y fortalecer la voluntad, descartando los bajos deseos y los caprichos de la personalidad hasta que nuestra voluntad y la Voluntad Divina sean una sola. De este modo podemos comprender el pasaje del Padre Nuestro que reza: "Hágase tu voluntad en la tierra como en el cielo", o sea que se compatibilice nuestra voluntad y la de Dios.

Santo Tomás de Aquino afirma que *"el corazón del hombre es recto cuando concuerda con la voluntad divina"* (10) recordando las palabras del Cristo: *"He bajado del cielo, no para hacer mi voluntad, sino la voluntad del que me ha enviado"*. (Juan 6:38)

Por eso la mejor manera de centrarnos en Atma es cumplir la Voluntad Divina recordando nuestra naturaleza trascendente, aprovechando el tiempo, practicando la Recta Acción y dejando de lado las actividades y las compañías que nos alejan de nuestro más alto Propósito. La auto-observación y el recuerdo constante de nuestra verdadera identidad serán un auxilio fundamental para no desviarnos de la Senda de la Ley, el Dharma.

De este modo, utilizando nuestra vida cotidiana como trampolín para llegar hasta lo más alto, encontraremos el mejor modo de construir ese simbólico puente para comulgar con nuestro Maestro Interno, el único que nos puede revelar los secretos de la Iniciación.

Unas palabras finales

Todos los días de nuestra vida deberíamos preguntarnos: "¿Para qué vivo?", "¿Cuál es mi propósito vital?", "¿Qué estoy haciendo para mejorar interiormente?", "¿En qué contribuyo para que la sociedad toda alcance su propósito más alto?".

No obstante, casi siempre encontramos excusas para postergar lo verdaderamente importante, malgastando el tiempo en miles de actividades inútiles, que simplemente nos llevan a derrochar el valioso tiempo que pnos ha sido otorgado en esta encarnación.

El trabajo de purificación de los vehículos y la adopción de un método de entrenamiento interior ("Ascesis") es la única vía posible para despojarnos del velo de la ilusión y descubrir nuestra verdadera naturaleza. De este modo, identificados con la Divinidad Una que mora en nosotros podremos liberarnos de los condicionamientos a los que estamos sujetos y alcanzar la autorrealización.

Aún así, el mero convencimiento mental de estas realidades no es suficiente. Es importante que ajustemos nuestra forma de vida a las enseñanzas trascendentes, rectificando el rumbo y practicando las técnicas tradicionales en nuestra vida cotidiana.

Nuestra civilización tecnocéntrica ha puesto al planeta Tierra en grave peligro y hoy –más que nunca– se hace necesaria la formación de un ejército de "hombres nuevos" que trabaje en la construcción una sociedad nueva, más justa, más luminosa, más pura, cimentada en los valores atemporales de la Ética Universal y no en las huecas filosofías del progresismo moderno.

Sí, se necesitan Hombres y Mujeres renovados, mejores y con la conciencia despierta, que hayan logrado escapar de la falaz dicotomía placer-dolor para plasmar en el mundo lo Bueno, lo Justo, lo Bello y lo Verdadero. Solamente con una humanidad de estas características se alcanzará la paz y la armonía plena para que la sociedad primordial pueda ser restaurada.

APÉNDICE

Entrenamiento preliminar

"Aquello que se lee y no se pone en práctica es un cáncer para la mente". (Annie Besant)

"Honrad las verdades con la práctica" (Helena Blavatsky)

Luego de haber analizado la constitución del ser humano y siendo conscientes de la necesidad de trabajar activamente en la armonización de los vehículos a fin de lograr la correcta alineación de los mismos, hemos creído útil y necesaria la incorporación de una serie de ejercicios preliminares que constituyen el "entrenamiento preliminar" de la "Ascesis Iniciática" que presentamos en nuestros escritos.

Nuestro lugar de entrenamiento

A fin de poder trabajar interiormente y llevar adelante un entrenamiento integral, el estudiante deberá buscar un sitio confortable, lejos del ruido y de las preocupaciones mundanas. Este lugar será nuestro "refugio espiritual" (Santuario) y –en cierta forma– podemos considerarlo nuestro oratorio y laboratorio alquímico.

Si nuestra familia es hostil a nuestras prácticas o carecemos de un lugar propicio para fijar este refugio, se debe buscar otro sitio que nos brinde la paz y la tranquilidad indispensables para nuestras prácticas de trabajo interior.

Un Santuario ideal deberá poseer:

• Una vela con un candelabro sencillo y un apagavelas.
• Un sahumerio encendido en un portasahumerio.
• Fósforos (cerillas).
• Un equipo de audio y discos con música armónica.

Control de los sentidos

Para realizar un trabajo óptimo, necesitamos estar cómodos, porque solamente un cuerpo distendido y sin molestias puede aprovechar eficazmente los ejercicios.

En primer lugar debemos aislarnos de las sensaciones externas. Como ya hemos visto, nuestras puertas de comunicación con el mundo exterior son los sentidos, por lo cual si deseamos realizar ejercicios de introspección, es necesario que los estímulos exteriores sean minimizados.

1) Gusto: En general, el gusto no nos dará problemas para la práctica ya que la lengua descansará relajada en el interior de nuestra boca.

2) Olfato: Debemos evitar los aromas desagradables en nuestro Santuario, al igual que olores de alimentos o animales. El mejor método para aislarnos de los aromas del ambiente es la utilización de sahumerios, pues estos nos brindarán una fragancia agradable y a la vez monótona, la cual no nos distraerá de nuestras prácticas.

3) Vista: La mayoría de las prácticas se realizan con los ojos cerrados o semi-cerrados, pero muchas veces las luces nos pueden molestar. Lo mejor es apagar todas las luces y si se necesita alguna iluminación para la práctica se puede usar una luz tenue o simplemente una vela. En el caso de prácticas al aire libre, se puede utilizar una venda si la luz es demasiado intensa.

4) Oído: En las grandes ciudades, los ruidos de las bocinas, de los coches y de las motocicletas es inevitable. Una buena forma de aislarse es mediante la utilización de música, que debe ser monótona, agradable y armónica. Existen muchos intérpretes clásicos o modernos que pueden ayudarnos en este tema. Si el ruido es realmente fuerte, podemos usar tapones para los oídos e incluso podemos combinar la música y los tapones.

5) Tacto: El uso de ropa cómoda, evitando los cinturones ajustados y los calzados apretados es indispensable para el desa-

rrollo de una buena práctica. Lo mejor es realizar los ejercicios con los pies descalzos y con ropa deportiva.

Elementos del entrenamiento preliminar

El entrenamiento preliminar cuenta con siete elementos permanentes, a saber:

a) Bitácora.
b) Postura corporal.
c) Relajación.
d) Concentración.
e) Vocalización.
f) Respiración.
g) Auto-observación.

Bitácora personal

Todo estudiante de nuestro Programa debe llevar un diario con anotaciones personales, a modo de **Bitácora Personal**, donde podrá ir analizando objetivamente sus experiencias, sus avances, sus estudios, sus pensamientos, sus emociones y todos los obstáculos que se le presenten a la hora de intentar llevar a la práctica las enseñanzas.

La Bitácora también será un elemento indispensable cuando el estudiante comience a delinear su proyecto de vida, lo cual será enseñado más adelante en la obra "Propósito y Proyecto".

Físicamente, la Bitácora debe ser portable, es decir que al comprarla o confeccionarla debemos tener en cuenta que su tamaño permita que la podamos llevar en nuestra mochila, maletín o cartera. Su tapa debería ser dura, para que su durabilidad sea mayor.

La importancia de la Bitácora radica en que nos permite guardar la memoria de acontecimientos relevantes y del impacto de nuestro trabajo en nuestra cotidianidad, así como la posibilidad de establecer por escrito metas, estrategias, comparaciones y confidencias. Con la lectura de nuestros propios escritos, podremos aprender de nuestra experiencia personal, detectando con más facilidad las causas y las consecuencias de nuestros actos, para no volver a repetir los mismos errores.

Qué escribir en la Bitácora

a) Reflexiones personales.

b) Descubrimiento de coincidencias y recurrencias en la vida cotidiana.

c) Planteamiento de metas personales y de un proyecto de vida personal. (Véase la obra "Propósito y Proyecto")

d) Análisis de nuestra guerra contra los dragones internos y los venenos que afectan a nuestros vehículos. (Véase la obra "Laberintos y Dragones")

e) Triunfos, fracasos y luchas personales en el día a día.

f) Anotaciones sobre las prácticas que realizamos y sus beneficios en nuestro bienestar.

Posturas corporales

Existen siete posturas corporales básicas mediante las cuales el practicante puede realizar sus ejercicios introspectivos de la mejor manera. Antes que nada, la postura elegida debe ser agradable, es decir que si un estudiante novato no puede realizar alguna de ellas (por flexibilidad o problemas de salud) es mejor que realice sus prácticas con posiciones menos exigentes.

Las 7 principales posturas estáticas son las siguientes:

1) Postura egipcia.

2) Postura del hombre muerto.

3) Postura de la estrella.

4) Postura del diamante.

5) Postura del sastre.

6) Postura de loto.

7) Postura del perfecto.

Postura egipcia

Esta postura recibe el nombre de "egipcia" o "del faraón" por las múltiples representaciones de la misma en el arte del antiguo Egipto.

Antonio Bustamante dice que *"en el Antiguo Egipto, durante miles de años, sólo los ricos disponían de una silla en sus casas, y ésta con fines más rituales que de uso práctico. Pero la postura del faraón no es sólo símbolo de dignidad: también es paradigma de postura sana. Recientemente se ha descubierto que la postura del astronauta cuando duerme en la ingravidez de su nave, se parece mucho a la del faraón; es decir que las angulaciones de los miembros del faraón son muy semejantes a las correspondientes de la postura del astronauta, de total relajación".* (1)

Es la postura ideal para el trabajo en las reuniones de grupos, ya que no necesita una preparación especial y se basa en el uso de sillas.

La columna debe estar lo más recta posible, por lo cual es fundamental que el respaldo de la silla sea adecuado. Los pies deben estar apoyados en el piso.

En la postura básica las manos se apoyan sobre las rodillas, aunque también se pueden incluir diversas posturas de las manos (mudras).

Postura del hombre muerto (Savasana)

La postura del "cadáver" o "savasana" ("sava", cadáver y "asana", postura), como se le llama en Oriente, es una posición corporal ideal para la relajación y se realiza en el suelo, con la espalda bien apoyada y la columna recta, los brazos a los lados con las palmas vueltas hacia arriba. Los pies se colocan ligeramente hacia afuera.

Esta postura es desaconsejada para aquellos que tienen tendencia a dormirse en las prácticas, porque es demasiado confortable y nos invita a dejarnos llevar por el sueño.

Postura de la estrella (Maha-savasana)

La postura de la estrella es una variante de la anterior. El practicante debe colocarse en el suelo, boca arriba, del mismo modo que en la postura savasana pero con los brazos y piernas abiertos formando una "estrella".

Esta postura es aconsejada especialmente para actividades al aire libre, en la arena o la hierba.

Postura del diamante (Vajrasana)

Esta postura también recibe el nombre de "loto japonés", ya que es usada usualmente en las escuelas de budismo zen.

La debemos realizar sentados en el piso, con las piernas juntas y estiradas, doblando después la pierna derecha hacia afuera y poniendo el pie junto a donde nace el muslo derecho.

Luego debemos flexionar la pierna izquierda hacia fuera y colocar el pie izquierdo junto al inicio del muslo izquierdo. Con la cabeza y el tronco perfectamente erguidos, con la mirada al frente, debemos colocar las manos sobre ambas rodillas.

Postura del sastre (Sukhasana)

La postura del sastre es la menos exigente de todas y es ideal para aquellos que no tienen la elasticidad suficiente para practicar posturas como el perfecto o el loto.

Como en todas las posturas, la espalda y la cabeza deben permanecen rectas. Las piernas se cruzan sin mucha exigencia, aunque hay que tratar de ir mejorando y lograr apoyar las dos rodillas en el piso para mantener un mejor equilibrio y una mejor estabilidad.

Las manos se apoyan sobre las rodillas o bien ejecutan algún mudra (postura de manos). Existen diversos ejercicios para mejorar la elasticidad, los cuales deberían ser practicados periódicamente por quienes no puedan superar esta postura introductoria.

Postura de loto (Padmasana)

La postura de loto es seguramente la más conocida de las posturas estáticas, aunque a los estudiantes de Occidente les cuesta mucho poder ejecutarla, pues exige gran flexibilidad y entrenamiento.

Por esta razón existen algunas posturas similares (el perfecto y el sastre, por ejemplo) con las que se obtienen beneficios similares.

En esta postura –como en todas las posiciones estáticas– la columna debe permanecer lo más recta posible. Las piernas se cruzan colocando el pie derecho sobre el muslo izquierdo y viceversa.

Las manos pueden apoyarse sobre las rodillas o bien ejecutar algún mudra tradicional (postura de las manos). El nombre sánscrito de esta postura es Padmasana ("padma", loto y "asana", postura), ya que en la misma el practicante imita con su cuerpo a la flor de loto.

Postura perfecta (Siddhasana)

Otra opción al loto, que suele ser difícil para los practicantes occidentales, es la postura perfecta.

Se realiza en el piso, con las piernas juntas y estiradas, moviendo un poco la pierna derecha hacia la derecha y flexionando la pierna izquierda, colocando después el talón entre los genitales y el ano, pegado al cuerpo.

Doblamos luego la pierna derecha y situamos el pie sobre la pierna izquierda, con el talón a la altura del pubis. Las manos pueden colocarse sobre las rodillas o bien ejecutar un mudra.

1

2

3

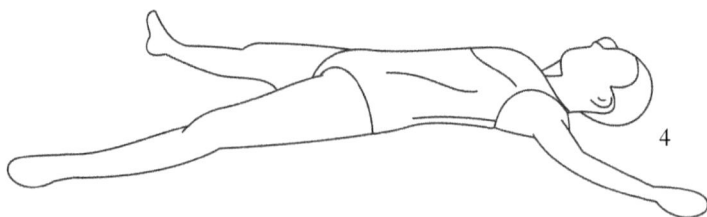

4

Las siete posturas corporales: savasana o del hombre muerto (1),
vajrasana o diamante (2), egipcia o del faraón (3), maha savasana
o estrella (4), sukhasana o del sastre (5), siddhasana o perfecta (6),
padmasana o loto (7).

Relajación profunda

Vamos ahora a proceder a la práctica de la relajación profunda en el piso usando la postura del "hombre muerto" o savasana, aunque también es posible realizarla en otras posiciones, como la egipcia.

En primer lugar, tendidos en el piso, respiramos profundamente tres veces llenando los pulmones y soltando el aire por la boca, sintiendo que los músculos se van aflojando. A continuación nos concentramos mentalmente en los pies. Sentimos que se van relajando, y focalizamos nuestra atención en los dedos, el empeine, la planta, el talón, sintiendo como se aflojan cada vez más. Ahora nuestra atención va subiendo por las piernas relajando a todos los músculos que se van poniendo flojos, muy flojos.

Subiendo nuestra atención llegamos a la rodilla y más arriba, hasta los muslos, aflojando, aflojando, aflojando. Nos centramos en la cadera, los órganos genitales, y nos detenemos brevemente en este punto, sintiendo como la parte inferior de nuestro cuerpo se halla completamente relajada.

Ahora pasemos al abdomen, observando los órganos internos que trabajan en paz y armonía. Sentimos en el pecho a nuestro corazón, latiendo armónicamente y procedemos a relajar todo nuestro tórax. Prestamos atención a la espalda y sentimos como nuestra columna se relaja desde el coxis hasta el cuello.

Imaginamos como unas manos invisibles nos masajean el cuello y relajan las cervicales. Nuestro cuello se afloja, se afloja, se afloja.

Todo el tronco está armonizado, relajado, y nos focalizamos en las manos, que se sueltan y se aflojan. Subimos nuestra atención por los brazos, relajando todos los músculos que encuentra a su paso, hasta llegar nuevamente a los hombros y el cuello.

Volvemos a masajear el cuello y los hombros hasta que sintamos el relax de esa zona, sin ninguna molestia en las vértebras cervicales.

En este momento nos detenemos un momento y sentimos todo nuestro cuerpo, desde el cuello a los pies, completamente relajado y en paz.

Ahora relajamos el cuello y sentimos como se afloja.

Pasemos a la cara. La mandíbula cae ligeramente sin abrir la boca y la lengua descansa sin tensión. La boca se relaja, las mejillas, la frente y el entrecejo sienten paz, descansando más y más. El cuero cabelludo se encuentra sin tensión y finalmente, disfrutamos de una paz profunda en todo el cuerpo.

La relajación es un paso indispensable para la realización de ejercicios más complicados. Aún quienes no deseen realizar prácticas avanzadas disfrutarán de esta práctica para descansar luego de volver del trabajo o incluso para dormir más plácidamente.

Concentración

Tratak

Propondremos ahora un ejercicio de concentración muy importante, conocido tradicionalmente con el nombre de "Tratak".

Para este ejercicio debemos ubicarnos en un lugar tranquilo donde –preferentemente sobre un fondo de color blanco– colocaremos una vela blanca encendida sobre un portavelas a la altura de los ojos. Podemos usar música para esta práctica, y ésta debe ser armoniosa y más bien monótona, para que no nos distraiga de nuestro objetivo.

Al comenzar esta práctica debemos relajar nuestro cuerpo físico y luego seguir estas instrucciones:

* Concentre la vista en la llama de la vela, tratando de no parpadear. Mantenga la mirada concentrada hasta que sienta que está "fundiéndose con la llama de la vela", es decir que todo lo que exista para usted sea la llama de la vela.

* Aleje los pensamientos intrusos y focalice su mirada en la vela.

* Es posible que su mirada se focalice en la llama y luego vuelva a perder la concentración, distrayéndose en los objetos de la periferia o en la pared. En este caso, vuelva a focalizar.

* Observe el aura de la vela y vea como –mediante la concentración– ésta puede percibirse cada vez más grande. De este modo se demuestra con la práctica cómo es posible percibir una realidad que estaba oculta a nuestros ojos.

* Sea consciente de la importancia de la visión periférica para captar el aura de la vela. Este punto es relevante ya que esta visión es la que nos permitirá ver el aura de las personas en ejercicios más avanzados. Mientras tanto, trabaje con prácticas sencillas y poderosas como la que acabamos de presentar.

Este ejercicio tiene múltiples utilidades, entre ellas:

a) Se usa para prácticas de visualización, ya que al utilizar la llama de una vela que se observa durante unos minutos, la misma deja una impresión postretiniana que dura unos segundos, es decir que podemos "ver la vela encendida" aún cerrando los ojos.

b) Para concentración, que es el objetivo primordial de esta técnica, y que es un paso previo fundamental para alcanzar el éxito en las prácticas de meditación propiamente dichas.

c) Para observar el "halo" o aura que rodea la llama de la vela y descubrir prácticamente algunas de las aseveraciones contenidas en la presente obra.

Otras opciones de tratak

Hay otras opciones al uso de una vela: podemos apagar la luz del recinto y en total oscuridad concentrarnos utilizando un sahumerio encendido. También se puede colocar un punto negro en una pared blanca y concentrarnos en él.

De todos modos sugerimos comenzar con una vela, pues la luz de la llama produce una imagen que es fácil de visualizar si cerramos los ojos, lo cual es un buen auxilio para los novatos, y además nos brinda la posibilidad de trabajar directamente con una aureola fácilmente distinguible.

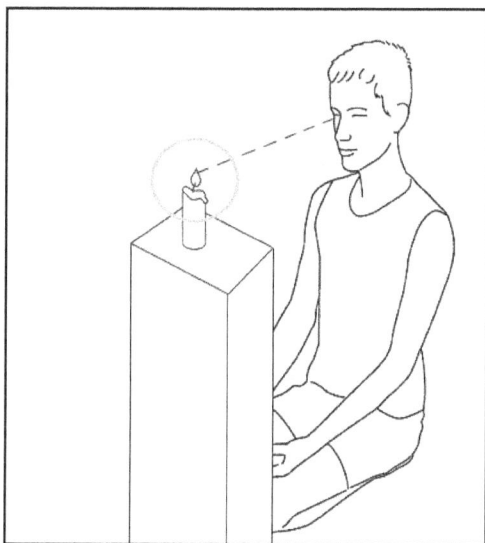

Concentración en la respiración

Uno de los primeros ejercicios de concentración que se enseñan en las escuelas de Sabiduría consiste en tomar conciencia de la respiración. Para ello incluiremos dos ejercicios que nos serán útiles para este fin: la respiración consciente y la respiración numérica.

Para comenzar con el ejercicio de respiración consciente, acuéstese boca arriba sobre el piso o sobre una colchoneta; coloque las palmas de las manos sobre las costillas. Permita que los dedos mayores se toquen al vaciar totalmente sus pulmones; por el contrario, al inhalar se separan por la expansión de la caja torácica.

Ahora, al inhalar siga atentamente el aire que ingresa, en su paso por las vías respiratorias; preste la misma atención al exhalar.

Si algún pensamiento extraño cruza su mente, no lo rechace, déjelo pasar, y una vez que se dio cuenta de ello, vuelva a concentrar su atención en el ir y venir de la respiración. Al principio, es recomendable practicar este ejercicio no más de dos minutos, dos veces por día.

Se puede ir aumentando un minuto por semana hasta llegar a los 10 minutos –nunca más de este tiempo–.

Al levantarse, debe hacerlo lentamente, ya que de lo contrario puede experimentar un leve mareo o una sensación de inestabilidad. De a poco, comenzará a sentir sus beneficios: sensación de bienestar, mente más calma y una mejor relajación. También puede ser que su humor cambie y que se sienta más feliz.

La concentración en un objeto físico requiere mantener los ojos abiertos y es puramente objetiva. El ejercicio al que ahora nos referimos se sitúa a medio camino entre la concentración objetiva y subjetiva. Carece de importancia el que los ojos se tengan abiertos o cerrados. Se trata básicamente de contar las propias aspiraciones y espiraciones, que deben ser lentas y profundas. Como la respiración es la esencia misma de la vida física, conviene que aprendamos primero de todo a controlarla.

Una vez que el ejercitante ha aprendido a respirar, empezará a contar sus respiraciones, sin pensar en nada más que en el mero hecho de contar. Esto parece fácil…. hasta que uno prueba a hacerlo.

La sangha budista viene usando este ejercicio desde tiempo inmemorial, y aun hoy lo utilizan corrientemente todos cuantos practican el budismo en cualquiera de sus formas. Por ello ha de mirarse con gran respeto. Se comprobará también que es más difícil de lo que parece. Según nos guía un maestro Zen: *"Comienza ahora por contar tus respiraciones hasta diez. Luego empiezas de nuevo la cuenta a partir de uno y continúas así, de diez en diez, indefinidamente. Tu pensamiento debe concentrarse en esa cuenta y sólo en ella. Cuando te vengan otras ideas, no luches por quitártelas de encima: limítate a seguir contando sin hacer caso de ellas. Cualquier tentativa deliberada de combatirlas no hará sino incrementar tu turbación. Ten paciencia y cíñete a la cuenta, reanudándola cuantas veces sea preciso".*

A los principiantes les bastará probablemente contar hasta cincuenta con perfecta concentración mental y recordando que cada acto respiratorio ha de ser lento y completo. Si es posible, se practicará este ejercicio frente a una ventana abierta.

Vocalización de los tres sonidos raíces

Según las enseñanzas esotéricas existen tres sonidos "raíces" que pueden vocalizarse a través de los mantrams OM, RA y MA.

El sonido vocal RA se relaciona con el chakra sahsrara (coronario, en la parte superior de la cabeza) y está ligado a las energías celestes. Desde un punto de vista simbólico, RA corresponde al "Padre Sol", Shiva y es de naturaleza masculina.

El sonido vocal MA se relaciona con el chakra muladhara (raíz, entre los genitales y el ano) y está ligado a las energías terrestres. Alegóricamente, se corresponde con la "Madre Tierra", Shakti y es de naturaleza femenina.

El sonido vocal OM (AUM) se relaciona con el chakra anahata (del corazón) y está ligado a la unión de las polaridades masculina y femenina. Representa al andrógino, al hijo, el Cristo Interno.

Más allá de los múltiples simbolismos de estos tres sonidos "raíces" existe una relación íntima de estos mantrams con los centros situados en la cabeza, la raíz y el corazón.

Para realizar este ejercicio, debemos situarnos en un lugar cómodo, lejos del ruido (en ambientes naturales es más efectivo) y tras relajarnos, entonamos siete veces cada mantram tratando de sentir la vibración en la zona del chakra. Al principio percibiremos la vibración en las cuerdas vocales, lo cual es normal, pero después debemos concentrarnos y visualizar al chakra girando armónicamente en el sentido de las manecillas del reloj como si este reloj estuviera clavado en el lugar del chakra.

El Maestro deRose explica que: *"Parece simple. Sentido horario (dakshinavártena) es el sentido de las agujas del reloj. Hasta aquí queda todo muy claro, pero el problema es que algunas personas interpretan que ese movimiento debe ser observado o mentalizado dentro de nuestro cuerpo, como si nosotros estuviéramos mirando, pero no es así. El movimiento de los chakras es observado por quien nos mira, del mismo modo como observamos el reloj desde adelante y no por el fondo"*. (2)

Recordemos: aunque los chakras vistos de frente nos recuerden a "discos" o "ruedas" desde una perspectiva tridimensional son como remolinos. Imaginemos a cada uno de ellos como un embudo.

La primera vez que practique este ejercicio, ejecute un solo ciclo, es decir que pronuncie: RA x 7, MA x 7 y OM x 7, y finalice la práctica.

Más adelante podrá realizar dos o tres ciclos, pero siempre tenga presente que no vale la pena esforzarse más de la cuenta. Para no estar pendiente del conteo, puede usar sus nudillos como si fuera un rosario de siete cuentas.

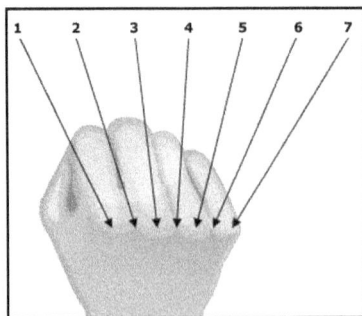

Si participa en un grupo de estudios, proponga esta práctica en conjunto y descubrirá que el trabajo grupal puede ser de gran ayuda para practicar ejercicios de vocalización, ya que los sonidos místicos afectan a las personas que los entonan, así como a los que escuchan.

Entonación correcta

RA - Nota musical a entonar "La"

MA - Nota musical a entonar "La"

OM -Nota musical a entonar "Re"

Nota importante: La notas Re y La están sobre el DO central del piano para la entonación de las damas y en caso de los caballeros deberá estar una octava más abajo.

Respiración

Respiración torácica, abdominal y completa

Dependiendo de los músculos que usemos en el proceso, las respiraciones pueden dividirse en dos tipos básicos:

a) Respiración torácica

b) Respiración abdominal

Para comprobar experimentalmente estos dos tipos básicos de respiración, realizaremos un ejercicio: Acostados en el piso boca arriba, colocamos una mano sobre el pecho y otra sobre el ombligo.

Inspiramos hinchando el pecho y notamos cómo la mano que colocamos sobre el tórax sube y baja, mientras que la otra permanece quieta.

Luego de varias comprobaciones, hacemos lo contrario: hinchamos el abdomen, notando como la mano situada sobre el ombligo sube y baja, mientras la otra permanece quieta.

En la primera parte del ejercicio practicamos la respiración torácica o alta, mientras que en la segunda parte ejecutamos la respiración abdominal o baja.

La respiración torácica o alta

En este modo de respirar se emplea la parte superior del pecho y los pulmones, que es la más pequeña, y, por consiguiente, sólo una mínima parte de aire penetra en ellos.

Es una pésima forma de respirar, porque exige el mayor gasto de energía con el mínimo provecho. No obstante, esta forma de respirar es común en occidente, en las personas que respiran en forma inadecuada por la boca y en aquellas que tienen una vida extremadamente sedentaria.

Al quedar prácticamente inmóvil, el diafragma no ayuda demasiado en la incorporación de oxígeno al organismo.

La respiración abdominal o baja

Este sistema es muchísimo mejor que el anterior y permite que el diafragma trabaje adecuadamente, logrando que una mayor cantidad de oxígeno ingrese a los pulmones. Como dijimos antes, el desplazamiento de apenas dos centímetros en el músculo diafragmático logra que ingrese medio litro más de aire por inspiración.

Además, el esfuerzo realizado por los músculos respiratorios del pecho y de la espalda es menor, ayudándonos también a estar más relajados.

La respiración completa

La respiración completa constituye la mejor forma de respirar y es importante que la practiquemos varias veces por día.

Como es un ejercicio que no necesita condiciones particulares, lo podemos realizar sentados frente a la computadora, caminando, en el coche o esperando el autobús.

Sin embargo, si tiene un momento de tranquilidad puede aprovecharlo para realizar un ejercicio sencillo a fin de conocer y aprovechar los beneficios de la respiración completa.

Acuéstese en la postura de "savasana" (cadáver), con la columna relajada y completamente recta, con los ojos cerrados. Inhale profundamente, sin forzar su organismo y proceda de esta manera: llene primero la parte inferior de los pulmones, sintiendo como su abdomen se hincha. Luego llene la parte media y alta de sus pulmones, notando como la caja torácica se expande.

Retenga un momento y luego proceda a exhalar. Vacíe primero el aire de la zona superior (tórax) y luego la inferior (abdomen). Esta forma de respirar permite que los pulmones sean vaciados completamente, liberando el aire que se deposita en las zonas inferiores y que está totalmente viciado.

La práctica de la respiración completa debe ser armónica y debe realizarse fluidamente, no como si fueran momentos separados sino parte de un mismo proceso.

Beneficios de la respiración completa: energiza y vitaliza, regula la acción cardíaca, actúa como sedante y relajante, optimiza la función cerebral, libera el aire viciado en la zona baja, permite un flujo más armónico del prana.

La respiración alternada

Los nadis son canales por los cuales circula energía entre los chakras, que la acumulan, transforman y redistribuyen. La función de la Sukha Pranayama o respiración alternada es fundamentalmente la de purificar dos de los muchos nadis que recorren nuestro cuerpo pránico.

La respiración alternada tiene como fin equilibrar e igualar la corriente pránica que pasa por ambas fosas nasales. Además, se constituye en un estímulo, una toma de conciencia del hemisferio cerebral lógico (izquierdo) y del expresivo (derecho). Resulta sedante y agudiza la concentración.

Ramiro Calle explica la técnica: *"Adopte una postura de meditación, con el tronco y la cabeza bien erguidos. Para llevar a cabo esta técnica respiratoria se servirá de los dedos pulgar, anular y meñique de la mano derecha, y doblará sobre la palma de la mano los dedos índice y medio.*

Utilice el dedo pulgar para cerrar la fosa nasal derecha y el meñique y el anular para cerrar la fosa nasal izquierda. Pero si le es más fácil, sírvase de los dedos pulgar (para la fosa derecha) e índice (para la fosa izquierda).

Cierre la fosa nasal derecha e inhale lentamente por la fosa nasal izquierda, hasta llenar de aire el tórax por completo, con ligero control abdominal, es decir, manteniendo levemente contraídas las paredes abdominales.

Cierre la fosa nasal izquierda y exhale lentamente por la fosa nasal derecha, en el doble de tiempo aproximadamente que invirtió para la inhalación; o sea, que la exhalación dure el doble de tiempo que la inhalación.

Cierre la fosa nasal izquierda e inhale por la fosa nasal derecha.

Cierre la fosa nasal derecha y exhale por la fosa nasal izquierda en el doble de tiempo que inhaló. Aquí concluye un ciclo.

Para evitar equivocarse, tenga siempre presente que se exhala el aire por la fosa opuesta a la que se tomó y, sin embargo, se inhala siempre por la que se exhaló.

Cuando haya conseguido la suficiente práctica, introduzca el tiempo de retención a pulmón lleno, evitando cualquier esfuerzo y adaptando la retención a su capacidad pulmonar". (3)

La práctica del neti

Dado que las antiguas prácticas de autorrealización basan gran parte de su efectividad en el buen manejo de la respiración, es fundamental que el canal receptor, en este caso la nariz, esté completamente limpio.

Una práctica eficiente, rápida y sencilla de lavar las cavidades nasales, dejándolas listas para practicar cualquier tipo de ejercicio respiratorio, fue instrumentada por los yoguis de la India y la llamaron "neti" o "jala neti".

¿Qué es el neti? Es una ducha nasal muy efectiva, simple e indolora para liberar a la nariz de las obstrucciones y mucosidades. Básicamente consiste en pasar una solución salina por un orificio nasal y hacerlo salir por el otro. De esta manera, los mocos y las suciedades que obstruyen los canales internos del aparato nasal son arrastradas por el agua y expulsadas por las narinas.

El neti es ejecutado con una vasija especial llamada "lota", parecida a una tetera. Quienes no pueden conseguir en su localidad una tienda yóguica que venda lotas, puede mandar fabricar una a un ceramista, aunque verificando que el pico de la lota tape completamente nuestras narinas. Dicha lota deberá contener –al menos– unos 700 cc. para que la limpieza sea profunda.

Los occidentales suelen impresionarse con la técnica, e incluso muchas veces les genera rechazo o les parece antinatural, pero es tan sencilla y natural como el cepillado de dientes o el uso de gotas oculares. No obstante, quienes se atreven a usar la técnica pueden dar testimonio de sus múltiples beneficios.

El agua debe introducirse tibia para que desprenda más mucosidad y con dos pizcas de sal que deben ser disueltas antes de ejecutar la limpieza.

La práctica del neti tiene varios beneficios, entre ellos:

* Es una técnica sencilla y económica.

* Funciona mediante la ley de gravedad.

* Mejora el flujo respiratorio y el ingreso de aire a nuestro organismo.

* Mejora nuestra resistencia al resfrío y la gripe.

* Elimina las mucosidades, bacterias y otros residuos contenidos en nuestras fosas nasales.

* Mejora la salud de los ojos, la nariz y los oídos.

* Es recomendado para casos de asma, sinusitis, bronquitis, ansiedad, etc.

* Despeja las vías respiratorias de locutores, cantantes y buzos profesionales.

El procedimiento completo es el siguiente: debemos llenar la lota completamente con agua tibia con una pequeña cantidad de sal. Luego de disolver la sal, revolviendo unos 30 segundos, verificamos que el agua no esté demasiado caliente. Con el cuerpo ligeramente inclinado hacia adelante, colocamos el pico de la lota en una de las narinas, ladeando la cabeza hacia el otro lado. La boca permanece abierta, mientras que el agua entra por una narina y sale por la otra. Vamos regulando la inclinación de la cabeza en la medida que el agua de la lota se vaya desplazando. Después repetimos con la otra narina.

Tras el proceso, debemos secar la nariz inclinándonos hacia adelante moviendo la cabeza hacia un lado y luego hacia el otro, expulsando el aire fuertemente por cada una de las narinas. Con mucho cuidado, procedemos al secado final con papel higiénico o un trapo limpio.

Es importante recordar estos puntos al realizar el ejercicio del neti:

* Asegurarnos que el agua no esté muy caliente.

* Disolver bien la sal en el agua.

* Practicar el ejercicio relajados, sin tensiones innecesarias.

* No saltarse el proceso de secado.

Auto-observación

A lo largo de todo el libro hemos insistido acerca de la necesidad de practicar la auto-observación de todos los vehículos del cuaternario inferior para descubrir nuestra verdadera naturaleza más allá de las ilusiones provocadas por los sentidos.

La observación de nuestras conductas, pensamientos, sentimientos, hábitos y motivaciones dejará al descubierto las recurrencias, las respuestas automatizadas y la cantidad de tiempo y oportunidades que desperdiciamos para nuestro crecimiento.

Esta técnica efectiva es necesaria para tomar las riendas de nuestra vida y dejar de lado los condicionamientos que hemos recibido de la sociedad, de nuestra familia, del entorno, de nuestros compañeros de trabajo, de los medios de comunicación y de la industria del ocio (cine, televisión, radio, revistas, etc.) que nos impiden ver la realidad tal como es.

Darnos cuenta de nuestra esclavitud, de nuestros automatismos y de nuestros miedos es el primer paso hacia el despertar. Sin duda el primer temor que aparece es el miedo al "qué dirán". ¿Qué dirán las otras ovejas si trato de salirme del rebaño? No obstante, el único modo de despertar la conciencia y lograr la verdadera felicidad es emanciparse de la masa.

Es necesario observar y auto-observarnos teniendo en cuenta que **somos dioses** en estado de crisálida y que la Verdad está más allá de las impresiones que recibimos por las ventanas de los sentidos. Ese es el desafío.

Anexo: Ejercicios con los sentidos

Ejercicio con el sentido del gusto

Para realizar este ejercicio debemos recolectar primero los siguientes alimentos: jugo de limón, una manzana, un trozo de buen chocolate, un terrón de azúcar y una pizca de sal.

Este ejercicio consta de dos partes: en la primera vamos a gustar estos alimentos sin concentrarnos demasiado en ello, incluso hablando con otras personas. Entre cada ingesta se debe tomar un poco de agua tratando de disipar el gusto del alimento anterior.

En la segunda parte vamos a relajarnos, concentrándonos en nuestra lengua. Nuestra lengua debe ser lo único que debemos atender. Y vamos a tener frente a nosotros los alimentos seleccionados y un vaso con agua.

Pausadamente vamos a tomar cada uno de los alimentos, los colocaremos en nuestra boca dándonos el tiempo necesario para percibir esa gama de sabores que antes había pasado inadvertida.

El orden sugerido para ingerir los alimentos es el siguiente: primero el trozo de chocolate, luego el terrón o la cucharita de azúcar, después la pizca de sal, el trozo de manzana y finalmente el zumo de limón.

Si el ejercicio se realiza en grupo, el facilitador podrá poner en la boca de cada uno de los participantes cada uno de los alimentos para que éstos no pierdan su concentración.

Ejercicio con el sentido del olfato

Si hemos realizado correctamente el ejercicio anterior seguramente habremos percibido una cantidad de sabores que normalmente escapan a nuestro gusto.

Vamos a hacer algo similar con el olfato, para lo cual debemos seleccionar varios aromas característicos, por ejemplo café, manzanilla, jazmín, un libro viejo, un libro nuevo, etc. Cada uno puede elegir los aromas y comprobar que cuando estamos concentrados ese aroma es más intenso.

En los grupos de estudio se puede hacer un experimento llevando diferentes perfumes y vinos, y oliéndolos por separado. También es interesante entrar en contacto con un catador para que nos explique el secreto de los diferentes aromas de los vinos.

Para realizar estos ejercicios, la nariz debe estar libre de mucosidades. La práctica de limpieza nasal o "jala neti", que explicamos antes, puede ser de utilidad para esta instancia.

Ejercicio con el sentido del tacto

Para trabajar con el tacto, debemos conseguir un libro o alguna hoja que esté escrita en el sistema Braille. En algunos países existen billetes de uso corriente que poseen relieves especiales para ciegos.

Con estos instrumentos debemos concentrarnos e intentar descubrir cada uno de los símbolos y letras que se presentan ante nosotros. Al principio creeremos que es muy fácil, pero sólo después de varios intentos podremos reconocer cada uno de los dibujos.

Ejercicio con el sentido del oído

Se pueden realizar varios ejercicios con el oído, pero recomendamos el uso de cuencos tibetanos, realizando previamente el ejercicio de relajación y posteriormente una escucha consciente del sonido y la vibración producida.

Ilusiones ópticas

En la visión de formas existen varios efectos de ilusión, algunos bastante conocidos, que no pueden ser totalmente explicados a nivel neurofisiológico. En esto se considera que inciden en la formación de imágenes en la corteza cerebral, numerosos procesos y de suma complejidad, entre ellos, la evaluación de contraste con el entorno, el aprendizaje y la memoria.

Podemos intentar leer los siguientes textos y luego del esfuerzo por comprender las primeras palabras, veremos que la lectura se facilita y el cerebro se encarga de aclararnos el resto:

C13R70 D14 D3 V3R4N0 3574B4 3N L4 PL4Y4 0853RV4ND0 D05 CH1C45 8R1NC4ND0 3N 14 4R3N4, 357484N 7R484J484ND0 MUCH0 C0N57RUY3ND0 UN C4571LL0 D3 4R3N4 C0N 70RR35, P454D1Z05 0CUL705 Y PU3N735. CU4ND0 357484N 4C484ND0 V1N0 UN4 0L4 D357RUY3ND0 70D0 R3DUC13ND0 3L C4571LL0 4 UN M0N70N D3 4R3N4 Y 35PUM4. P3N53 9U3 D35PU35 DE 74N70 35FU3RZ0 L45 CH1C45 C0M3NZ4R14N 4 L10R4R, P3R0 3N V3Z D3 350, C0RR13R0N P0R L4 P14Y4 R13ND0 Y JU64ND0 Y C0M3NZ4R0N 4 C0N57RU1R 07R0 C4571LL0 C0MPR3ND1 9U3 H4814 4PR3ND1D0 UN4 6R4N L3CC10N; 64574M05 MUCH0 713MP0 D3 NU357R4 V1D4 C0N57RUY3ND0 4L6UN4 C054 P3R0 CU4ND0 M45 74RD3 UN4 0L4 L1364 4 D357RU1R 70D0, S010 P3RM-4N3C3 L4 4M1574D, 3L 4M0R Y 3L C4R1Ñ0, Y L45 M4N05 D3 49U3LL05 9U3 50N C4P4C35 D3 H4C3RN05 50NRR31R.

Otro texto:

"Según investigaciones realizadas en la Universidad de Cambridge, no imoprta el odern de las latres praa pedor leer y endtneer el sngiifidcao de una fasre. En raedalid lo que irtmopa es que la piremra y útlmia ltrea etésn en el lagur cerrocto y anuuqe el rsteo sea un coplemto enrtevero al aazr, neutrsa mnete peciibrá el sginfaicido y preodoms enedtner el maejnse. Etso pearce ser dibedo a que neustra mntee no lee ltera por lerta snio que agsina un singiicfado al cunjnoto de acerudo a la ifonracimón que ya pesoe reistiargda". Una computadora no entendería este mensaje.

¿Le fue fácil o difícil leer estos textos? Ahora pasemos a algunas imágenes interesantes y algunas ilusiones ópticas:

Fíjate en los puntos. ¿Cambian de color?

¿Estas líneas son paralelas?

¿Joven o vieja?
¿A cuál puedes ver?

APÉNDICE II

Polaridad masculina-femenina

Todo ser humano es un Alma espiritual encarnada en una estructura biológica compleja de naturaleza cuaternaria, compuesta de varios vehículos: físico, vital, emocional y mente de deseos. Cada uno de estos vehículos tiene una polaridad predominante en función de su sexo biológico (masculino-femenino), a saber:

	Hombre	Mujer
Físico	Positivo	Negativo
Vital	Negativo	Positivo
Emocional	Positivo	Negativo
Mental inferior	Negativo	Positivo

Esta complementaridad se representa en la tradición taoísta con el símbolo del Yin y el Yang, que consiste en un círculo dividido en dos mitades idénticas, una blanca y otra negra. Cada una de estas partes contiene en su interior un punto del color opuesto que acentúa su interconexión y que insinúa que en todo Yin hay una semilla de Yang y viceversa.

Dicho de otro modo, independientemente de nuestro género masculino o femenino, todos nosotros poseemos internamente características del otro sexo, que equilibran y contrastan con las tendencias innatas de nuestros vehículos físico, vital, emocional y mental inferior.

Recordemos la máxima hermética del Kybalión: *"Todo es doble, todo tiene dos polos; todo, su par de opuestos: los semejantes y los antagónicos son lo mismo; los opuestos son idénticos en naturaleza, pero diferentes en grado"*. (1)

Dado que el Alma espiritual carece de sexo —es decir que

íntimamente posee una naturaleza andrógina– todo ser humano busca su complemento, intentando hallar a aquella persona que le permita trascender su confinamiento en un cuerpo material para lograr la armonía de los opuestos. Pero la atracción entre los polos depende de la oposición y la complementaridad. El resultado de la disolución de esta oposición será el equilibrio manifestado en la "coincidentia oppositorum".

En la tradición griega, la armonía de los opuestos se representaba con el caduceo de Mercurio, la vara de Hermes. Según el mito, Apolo regaló a Hermes una vara que tenía el poder de interceder en cualquier disputa, armonizando cualquier oposición. Más tarde, al observar a dos serpientes que luchaban a muerte, Hermes colocó la vara entre ellas y de inmediato, ambos reptiles se enroscaron pacíficamente la vara, finalizando así la disputa.

Desde una óptica espiritual, el hombre y la mujer son manifestaciones "polares" de carne y hueso, y esta polaridad es la que mantiene el ritmo de la vida. El hombre y la mujer –comprendidos como Almas espirituales encarnadas– están en condiciones de trascender la existencia material que los confina a cuerpos densos por medio de una unión sexual sagrada que trascienda el tiempo y el espacio profanos, logrando que dos seres se conviertan en uno solo. ¿Qué significa esto? Que dos seres humanos pueden alcanzar una conexión metafísica al unir todos los vehículos, constituyendo (o mejor dicho: re-constituyendo) de este modo al andrógino primordial. Generalmente, a través de la sexualidad profana se llega a establecer (en el mejor de los casos) una conexión emocional y mental inferior a través de un acto físico, lo cual hace que las relaciones sean inestables ya que en esas dos esferas el deseo es el gobernante supremo y, cuando éste se agota, los amantes dejan de tener algo en común y el "amor" (si alguna vez existió) se desvanece.

El acto sexual completo y trascendente no tiene como fin la procreación ni el placer sino una **comunión** (común unión) de dos Almas encarnadas, la armonía de los opuestos. En este sentido, podemos hablar de una confluencia energética de todos los vehículos, tanto del cuaternario inferior como de la tríada superior.

De acuerdo con Feuerstein: *"en el éxtasis coinciden todos los opuestos. No hay "yo" y "tú"; no hay masculino y femenino. La Realidad original es un todo simbiótico, y quien despierta a ella se completa. (…) Para el practicante espiritual, el sexo es una oportunidad de encuentro con lo sagrado, cuya dimensión sobrepasa al hombre y la mujer como sobrepasa toda forma manifiesta. La dicha de la unión sexual no es mero placer orgásmico: es la delicia innata del andrógino primordial, el Macho/Hembra último, el Dios/Diosa".* (2)

Tradicionalmente, la energía femenina (Yin) se caracteriza por ser receptiva, envolvente, asociada con lo frío, lo oscuro, lo pasivo y lo negativo (sin que estas palabras contengan un juicio de valores peyorativo). Por su parte, la energía masculina (Yang) se identifica con lo luminoso y lo activo, el calor, la actividad y lo positivo, siendo además expansiva y penetrante. Desde una perspectiva simbólica, la energía femenina se representa con una Dama con una copa, mientras que la energía masculina se simboliza con un Caballero portando una espada.

Atendiendo a la constitución septenaria, es posible establecer diferencias en los cuerpos masculinos y femeninos, aunque vale la pena destacar que muchas de las "divergencias" entre hombres y mujeres tienen como origen centenares de años de condicionamiento y de sometimiento del género femenino.

Las diferencias de polaridad de los vehículos con respecto a los sexos están supeditadas a un hecho biológico: la gestación. Este proceso –propio de las mujeres– determina una serie de características en todos sus cuerpos.

Es evidente que –a nivel físico– el hombre tiene mayor fortaleza física y poder muscular. Es activo y posee un poder de generación que se manifiesta hacia el exterior, relacionado con la fuerza de empuje. La mujer, por su parte, posee menos fuerza y potencia. Recibe y gesta la vida en su vientre, relacionada con la fuerza de resistencia.

A nivel pránico, las damas son más resistentes a las enfermedades, soportando de mejor manera el cansancio y el dolor. Son más efectivas en tareas a largo plazo. Los hombres, por su parte, son menos resistentes al dolor, no aguantan fácilmente la fiebre y la enfermedad, teniendo mayor efectividad en tareas a corto plazo.

Emocionalmente, la mujer suele ser más receptiva que el hombre y normalmente tiene mayor necesidad de sentirse protegida. Posee mayor propensión a exteriorizar las emociones, mientras que el hombre es menos receptivo y tiene menos facilidad por comunicar sus estados emocionales.

A nivel mental inferior, la mujer posee una inteligencia predominantemente intuitiva, mientras que la del hombre es más intelectual. Las damas tienen mayor facilidad de comunicación, organización y un pensamiento concreto, mientras que los caballeros canalizan sus ideas tendiendo a la fantasía y el idealismo.

Es fácil advertir que existen muchos factores biológicos diferenciales entre los sexos pero no es fácil separarlos de otros factores de naturaleza socio-cultural, muchos de los cuales han desplazado históricamente a la mujer, confinándola a tareas secundarias. Hoy en día, esta subordinación —que ilusoriamente parece haber quedado en el olvido— se manifiesta sutilmente en la forma de la explotación de la mujer como objeto de consumo, en diferencias salariales, en el relegamiento político, en la doble moral, etc., aunque la actitud "políticamente correcta" sea el igualitarismo a ultranza.

No obstante, este igualitarismo moderno en todas las esferas no es otra cosa que un intento por generar autómatas consumidores, uniformizados y fácilmente manipulables. Por esta razón, Erich Fromm señalaba: *"La sociedad contemporánea predica el ideal de la igualdad no individualizada, porque necesita átomos humanos, todos idénticos, para hacerlos funcionar en masa, suavemente, sin fricción; todos obedecen las mismas órdenes, y no obstante, todos están convencidos de que siguen sus propios deseos. Así como la moderna producción en masa requiere la* estandarización de los productos, así el proceso social requiere la estandarización del hombre, y esa estandarización es llamada «igualdad»". (3)

Algunas fuerzas polares

FEMENINO	MASCULINO
Yin	Yang
Tierra	Aire
Agua	Fuego
Shakti	Shiva
Yoni	Lingam
Tierra	Cielo
Onda	Partícula
Energía	Materia
Cueva	Montaña
Negativo	Positivo
Alcalino	Ácido
Hemisferio derecho	Hemisferio izquierdo
Pasivo	Activo
Tigre blanco	Dragón verde
Águila blanca	León rojo
Dentro	Fuera
Frío	Caliente
Húmedo	Seco
xx	xy
0	1
Prakriti	Purusha

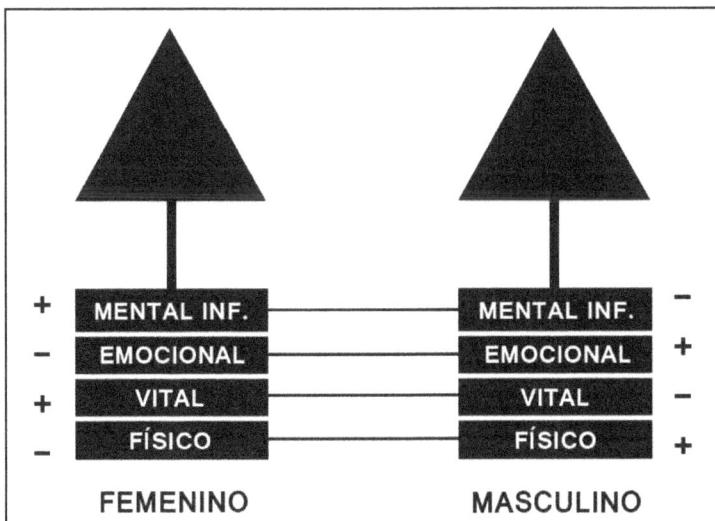

+	MENTAL INF.	−
−	EMOCIONAL	+
+	VITAL	−
−	FÍSICO	+

FEMENINO   **MASCULINO**

APÉNDICE III

Chakras y puertas

Los chakras son vórtices de conexión que actúan como puentes entre los vehículos sutiles y por ellos fluyen las energías internas que pueden ser equilibradas. A esta acción integradora se le llama alinear, armonizar, desbloquear, iluminar e incluso despertar los chakras.

¿En qué vehículos podemos encontrar estos chakras? En nuestro cuerpo físico ciertamente no hay chakras, pero sí podemos hallarlos en:

a) Cuerpo pránico o vital: chakras vitales

b) Cuerpo emocional o astral: chakras astrales

c) Cuerpo mental inferior: chakras mentales

En los vehículos asociados a la Tríada Superior no existen chakras, sino centros de percepción sutiles donde no hay oposiciones y que están alineados al Yo más alto.

Por esta razón, podemos acotar el universo de los chakras a esos tres vehículos donde —en cada uno de ellos— destacan siete vórtices principales dispuestos a lo largo de la columna vertebral. Si existen chakras vitales, astrales y mentales, es necesario entender que cada uno de ellos se desarrolla a través de diferentes métodos vinculados, respectivamente, al prana, a las emociones y a los pensamientos.

Siendo así, también existen tres niveles de bloqueo o nudos: energético (pránico), emocional y mental. Este triple bloqueo puede compararse con una cañería con tres llaves de paso (ver imagen), donde es necesario que los tres grifos estén abiertos para que el agua pueda pasar libremente. (1)

Del mismo modo, para considerar a un chakra completamente "desbloqueado" es necesario un trabajo de purificación triple mediante el cual la energía pueda fluir entre los vehículos a fin de lograr una armonización de los opuestos, que es el fundamento de un ser humano integral e integrado.

Esta triple tarea –a la que debemos agregar el trabajo con el cuerpo físico– no es otra cosa que la Ascesis o Alineación de los vehículos del cuaternario.

Cuando estos cuatro vehículos están completamente alineados (purificados) se posibilita el libre ascenso de la energía serpentina Kundalini que –en un trabajo integral, completo y consciente– acontece en forma simultánea con la llamada "iluminación".

Sin embargo, si la labor de purificación es deficiente y existe premura por quemar etapas, realizando prácticas peligrosas de respiración, tántricas o yóguicas, Kundalini puede despertarse prematuramente, desencadenando todo tipo de problemas físicos, energéticos, emocionales y/o mentales.

En otras palabras: el ascenso de la energía serpentina de Kundalini debe constituir siempre una consecuencia armoniosa de un trabajo holístico eficiente, pero cuando buscamos un atajo, o nos focalizamos en el desarrollo de los poderes psíquicos (siddhis inferiores), el ascenso de esta energía se convierte en algo dramático y muchas veces doloroso.

Tres niveles de chakras

El trabajo con nuestros chakras puede realizarse con prácticas específicas para su desarrollo, pero si concebimos a éstos como "puentes" entre los cuerpos y como órganos de captación suprasensorial, debemos aceptar que en todo momento estamos nutriendo vibratoriamente a nuestros centros sutiles. Esto significa que los chakras captan estímulos externos no evidentes por encima de la percepción vinculada a los cinco sentidos, y entonces posibilitan la captación de buenas y malas "vibras" en algunos sitios y en relación a algunas personas.

Los chakras vitales reciben su energía del prana, el cual ingresa al cuerpo a través de la respiración, el alimento, la bebida, las radiaciones solares, etc. Para su entrenamiento existen diversos ejercicios pránicos, que deben ser complementados con otros hábitos saludables como una buena alimentación, una respiración adecuada, etc.

Los chakras emocionales o astrales se vinculan a las emociones y los sentimientos, y su desarrollo está ligado fundamentalmente al arte (canto, danza, pintura, etc.), mientras que su bloqueo está supeditado a la represión de las emociones.

Los chakras mentales se equilibran mediante el pensamiento positivo y la visualización, al mismo tiempo que su obstrucción está vinculada a la tendencia a la negatividad y a la exposición a malos estímulos mentales (mala literatura, cine, televisión, prensa amarilla, etc.).

Siete chakras, siete puertas

Los siete chakras dispuestos a lo largo de la columna vertebral son nuestros principales órganos de percepción sutil, es decir puertas desde y hacia el mundo exterior y, como tales, están expuestos a toda clase de influencias.

El chakra Muladhara (raíz) es nuestro cable a tierra y se vincula a la materia, el deseo animal, el instinto de supervivencia, la nutrición y la protección.

Los bloqueos asociados a este chakra están relacionados a

la inseguridad, el materialismo (apego a lo material), el estancamiento (echar raíces) y el sedentarismo.

El chakra Swadisthana (genital) está relacionado a la sexualidad y su obstrucción es, principalmente, una consecuencia del apego a las personas y la promiscuidad.

El chakra Manipura (plexo) capta las energías del entorno y está vinculado a nuestro relacionamiento con el medio ambiente, así como con las mascotas y los animales. Las técnicas de recepción del prana arbóreo, las relaciones afectivas con nuestras mascotas, la equinoterapia, la jardinería consciente, etc., ayudan al desarrollo armonioso de este centro.

Los bloqueos de este chakra son una consecuencia de una vida extremadamente urbana, emancipada de los ciclos naturales y alejada de la Madre Naturaleza.

El chakra Anahata (cardíaco) fundamenta su equilibrio en el buen relacionamiento con otras personas (sociabilidad), en el perdón y en la conciencia de que todos los seres humanos son nuestros hermanos y que somos parte de una misma entidad supraindividual.

El bloqueamiento del centro del corazón está vinculada al egoísmo, la separatividad, la insociabilidad, la desconfianza y los prejuicios (racismo, machismo, feminismo, homofobia, nacionalismo, etc.).

El chakra Vishuddha (laríngeo) está ligado a dos funciones básicas de la comunicación: el habla (recta palabra) y la escucha, dos formas de relacionamiento y comprensión de los demás.

Sus bloqueos están relacionados a todo lo que afecte a esta comunicación: la incapacidad de escuchar, el lenguaje soez, las mentiras, los chismes, etc.

El chakra Ajna (entrecejo) es la base de un recto pensamiento, sede de la concentración, la imaginación y la creatividad.

Los bloqueos de este chakra se vinculan a la dispersión, la extremada intelectualización, la fantasía y la nostalgia.

El chakra Sahasrara (coronilla) es nuestra antena al cielo y está relacionado a nuestra conexión con lo alto.

Se bloquea con la negación de lo divino, el escepticismo o bien la tendencia al escapismo, delirios mesiánicos, etc.

Con estas pautas generales, podemos establecer dos chakras polares: Muladhara hacia abajo como "cable a tierra" (Madre Tierra) y Sahasrara hacia arriba como "antena al cielo" (Padre Sol), y cinco chakras frontales, conformando siete "puertas":

a) Muladhara: Conexión con la Tierra (Materia)

b) Swadisthana: Conexión con la pareja (sexualidad)

c) Manipura: Conexión con la Naturaleza (ambiente, plantas, animales)

d) Anahata: Conexión con los demás

e) Vishuddha: Conexión verbal-auditiva (comunicación)

f) Ajna: Conexión con el pensamiento

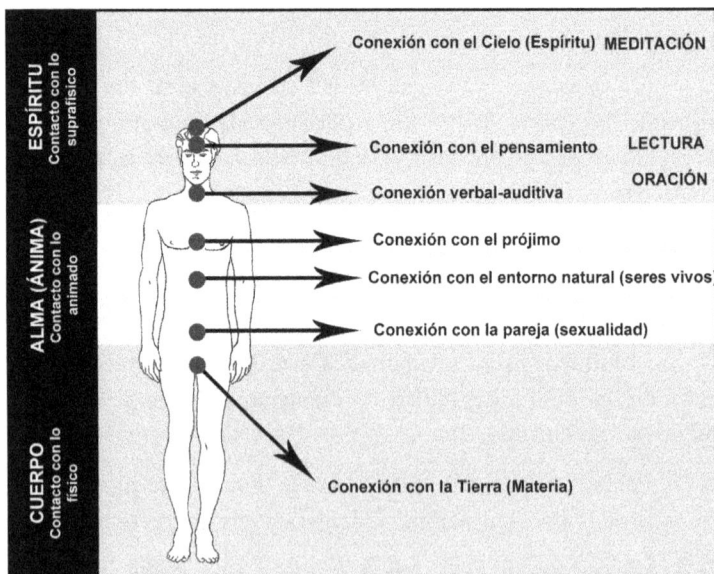

g) Sahasrara: Conexión con el cielo (Espíritu)

Los tres chakras de la cabeza: Vishuddha, Ajna y Sahasrara están relacionados a las tres prácticas de contacto con lo divino:

a) Vishuddha: Oración (Oratio)

b) Ajna: Lectura de textos sagrados (Lectio)

c) Sahasrara: Meditación (Meditatio)

Querámoslo o no, en todo momento estamos exponiendo los chakras a diversas energías sutiles por lo cual es necesario saber cómo protegernos de las influencias nocivas procedentes del exterior. Una buena práctica para esto es la tradicional visualización hermética-rosacruz de Luz-Vida-Amor.

Este ejercicio es extremadamente simple y utiliza el ritmo de la respiración acompañada por imágenes visuales, aunque primeramente es bueno realizar las siete inspiraciones profundas de armonización. Luego de esto, con los ojos cerrados, debemos afirmar interiormente: "Yo Inhalo Luz" (inhalo y filtro lo negativo, es decir la oscuridad), "Yo retengo Vida" (retengo y al contener siento como se crea un escudo a nuestro alrededor en forma de un huevo luminoso), "Yo doy Amor" (exhalo mis mejores energías positivas hacia el ambiente).

No hay mejor protección ante la oscuridad, la muerte y el odio que la Luz, la Vida y el Amor.

Las necesidades de Maslow y los chakras

En el capítulo II estudiamos las necesidades humanas según Abraham Maslow, quien establecía una jerarquía de éstas en forma piramidal.

Maslow postuló que existen necesidades de déficit y necesidades del ser. Las primeras son aquellas que deben ser contempladas porque si no poseemos lo suficiente de algo (tenemos un déficit), sentiremos una carencia o necesidad (estima, social, seguridad, fisiológica), pero si esta carencia logra cubrirse no es echada de menos. En otras palabras, cuando no tenemos apetito no estamos pensando en comer, pero si tenemos hambre seguramente todos nuestros pensamientos girarán en torno a la comida. Lo mismo ocurre con las otras necesidades.

Por otro lado, las necesidades del ser están ligadas a la autorrealización y a nuestra conexión con lo alto, pero muchas personas viven toda su vida sin satisfacerlas, dejando de lado todo pensamiento trascendente y centrándose en satisfacer sus necesidades básicas para "sobrevivir" subordinadas al placer y al dolor hasta el momento de la muerte.

Es posible establecer un paralelismo entre la pirámide de las jerarquías de Maslow y el esquema de los siete chakras:

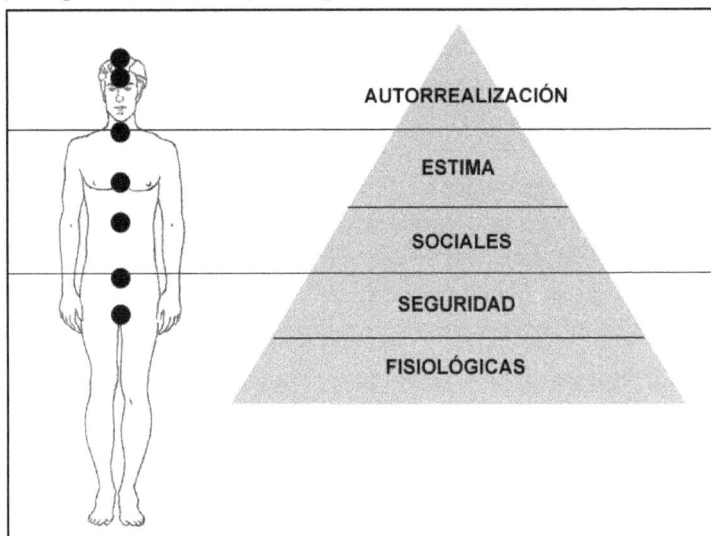

En este sentido podemos realizar estos relacionamientos:

a) Necesidades fisiológicas (nutrición, descanso, eliminar desechos, evitar dolor) y necesidades de seguridad (protección, estabilidad) con el Chakra Muladhara y con Swadisthana en el límite.

b) Necesidades sociales (relaciones afectivas en general, amor y pertenencia) y necesidades de estima (reconocimiento, autoestima, confianza) con el Chakra Swadisthana en su faceta más instintiva, y luego con Manipura, Anahata y Vishudda.

c) Necesidades de autorrealización con Vishudda, Ajna y Sahasrara.

Mineral, vegetal, animal y humano

En el ser humano hay cuatro tendencias que están vinculadas a los cuatro reinos en función del desarrollo consciencial. Siendo así, podemos hablar simbólicamente de un hombre-mineral, un hombre-vegetal, un hombre-animal y un hombre verdaderamente humano.

¿Qué distingue al mineral? La inercia, la monotonía, la rutina y la estabilidad. El mineral está a merced de las fuerzas externas, por lo que cualquier cambio en su estructura está supeditado a lo exterior. La característica más destacable del mineral es que ocupa un lugar en el espacio.

Así como hay minerales, hay hombres-minerales que pasan toda su vida a merced de las circunstancias, como monigotes del destino. Esta clase de seres humanos son —como dicen los españoles— "pasotas", seres indiferentes a las cosas importantes de la vida.

El movimiento esencial del mineral es hacia abajo y está totalmente sujeto a la ley de gravedad.

El vegetal, por su parte, necesita alimentarse y reproducirse. Estas necesidades determinan un movimiento hacia "abajo" (raíz, nutrición) y otro hacia "arriba" (tallo, fruto, reproducción). No es difícil darnos cuenta que existen en nuestra sociedad muchísimos hombres-vegetales que hacen orbitar toda su vida en torno a la comida y el sexo. Ocupan un lugar en el espacio como las piedras y hasta el momento de su muerte no piensan en otra cosa que satisfacer sus deseos más primitivos.

El movimiento básico del vegetal es dual: hacia arriba y hacia abajo.

El animal recoge las propiedades de los minerales (ocupa un espacio) y de los vegetales (se nutre y se reproduce), pero además puede moverse por el medio circundante, dando origen a la territorialidad, a la necesidad de "tener" y controlar un espacio propio. Los hombres-animales fundamentan su existencia en una tríada: el alimento, el sexo y la posesión (el "tener"). Tener propiedades, tener cosas, tener conocimientos, tener títulos, tener amigos, tener una familia, etc.

El desplazamiento de los animales puede darse en seis direcciones: arriba-abajo, derecha-izquierda y adelante-atrás.

El hombre, por su parte, debe desarrollar su humanidad, superando la inercia, el deseo y la posesividad para vivir una vida plena.

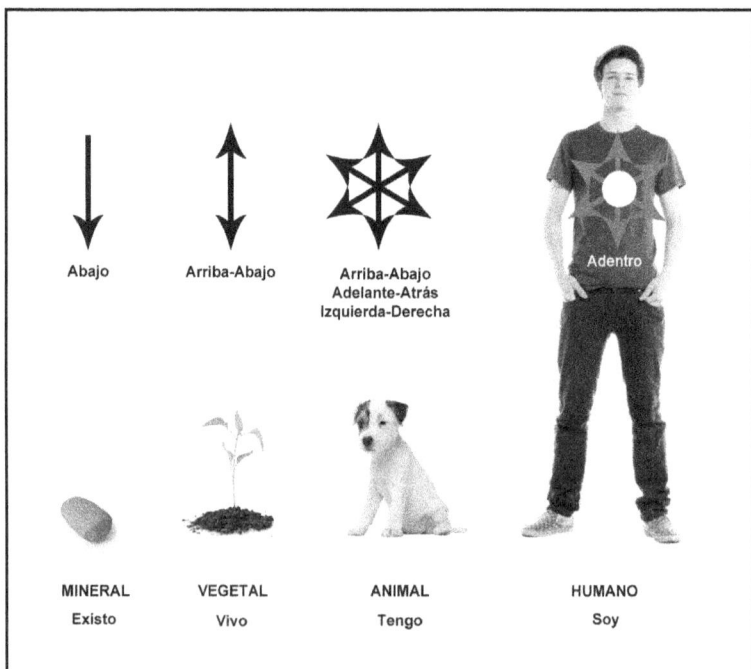

Abajo	Arriba-Abajo	Arriba-Abajo Adelante-Atrás Izquierda-Derecha	Adentro
MINERAL	VEGETAL	ANIMAL	HUMANO
Existo	Vivo	Tengo	Soy

A los seis movimientos de los animales, el ser humano suma una séptima dirección: hacia adentro, el punto axial donde se resuelven todas las oposiciones. Esta séptima dirección marca un camino luminoso, una vía transformadora que lleva al centro del corazón.

Esta séptima dirección es la que nos convierte en seres verdaderamente humanos.

"Cuentan los indios lakota que cuando Wakan Tanka hubo dispuesto las seis direcciones (el Este, el Sur, el Oeste, el Norte, arriba y abajo), quedaba todavía por fijar la séptima. Wakan Tanka sabía que esa última dirección –la de la sabiduría– sería la más poderosa, y quería situarla donde no fuera fácil dar con ella. Por ello eligió un lugar en el que no suelen pensar los seres humanos: el corazón de cada uno. Desde entonces ésa es la dirección de la sabiduría". (María Fradera y Teresa Guardans)

APÉNDICE IV

Tablas comparativas

En la literatura esotérica se utilizan infinidad de términos similares para referirse a lo mismo. A fin de aclarar el panorama referente a la constitución del ser humano, ofrecemos una serie de tablas que seguramente serán de ayuda al estudiante.

TABLA PRINCIPAL DE CORRESPONDENCIAS

Griego	Latín	Traducción	Septenaria
Soma	Corpus	Cuerpo	Cuerpo físico
			Cuerpo vital o pránico
Psique	Anima	Alma animal	Cuerpo emocional
			Mente de deseos
Pneuma (Nous)	Spiritus	Alma espiritual (o Espíritu)	Mente superior
			Cuerpo intuicional
			Atma

TABLA DE TÉRMINOS HEBREOS

Nombre	Significado	Relación
Nefesh	Alma, vida (sangre).	Conciencia del mundo material, personalidad, instintos naturales.
Rúaj	Viento, aliento, espíritu.	Emociones, sentimientos: el entendimiento del corazón.
Neshamah	Alma, aliento, esfuerzo por conseguir pureza y perfección.	Pensamientos, intelecto: el nivel más alto de conciencia.

TABLA DE TÉRMINOS ORIENTALES

Shariras	Koshas (Vedanta)	Taraka Raja Yoga
Sthula Sharira (cuerpo físico)	Annamaya kosha (Envoltura física)	Sthûlopâdhi
Sukshma Sharira (cuerpo sutil)	Pranamaya kosha (Envoltura pránica)	
	Manomaya kosha (Envoltura intelectual)	Sûkshmopâdhi
	Vijnanamaya kosha (Envoltura mental)	Kâranopâdhi
Karana Sharira (cuerpo causal)	Anandamaya kosha (Felicidad pura)	Âtmâ

TABLA DE TÉRMINOS TEOSÓFICOS

Septenaria general	Teosofía temprana (*)	Neo-teosofía (**)
Cuerpo físico	Cuerpo (rupa)	Cuerpo físico
Cuerpo vital o pránico	Vitalidad (prana)	Doble etérico
Cuerpo emocional	Cuerpo astral (Linga sharira)	Cuerpo emocional o astral
Mente de deseos	Alma animal (Kama rupa)	Cuerpo mental inferior
Mente superior	Alma humana (Manas)	Cuerpo causal
Cuerpo intuicional	Alma espiritual (Buddhi)	Envoltura Búddhica
Atma	Espíritu (Atman)	Envoltura Átmica

(*) Sinnett, Alfred: "El Buddhismo esotérico"

(**) Véase Taimni, I.K.: "Renovación de sí mismo y renovación por sí mismo" y Pavri, Pestanji. "Teosofía explicada"

TABLA DE TÉRMINOS EGIPCIOS

Nombre egipcio	Formas del ego
Kat, el cuerpo físico o corruptible, cadáver.	"Yo sobrevivo".
Khaibit / Ankh, la sombra, la energía que vitaliza al cuerpo, momia.	"Yo vivo".
Ka, el doble, la fuerza generativa.	"Yo siento".
Ab / Hati, corazón, sentimiento, sede de la memoria y de la imaginación, morada del Ba.	Ego mortal o personal: "yo existo".
Ba, Alma hereditaria, Alma intelectual, la que se reproduce intelectualmente, inteligencia.	Ego superior o impersonal, individual e imperecedero, Alma viviente: "yo soy yo".
Akh / Cheiby, Alma espiritual, la que se perpetúa permanentemente.	Ego espiritual o ego divinizado.
Sahu / Atmy, Alma divina o eterna.	Mónada, ego fusionado al origen.

Fuente: "Egipto revelado" de Fernando Schwarz

ESQUEMA NEO-ROSACRUZ DE H. SPENCER LEWIS

VISIÓN DE LA KABBALAH

"El hombre es un árbol de la vida completo. En él está el poten-cial para su realización integral". (Halevi: "El árbol de la vida")

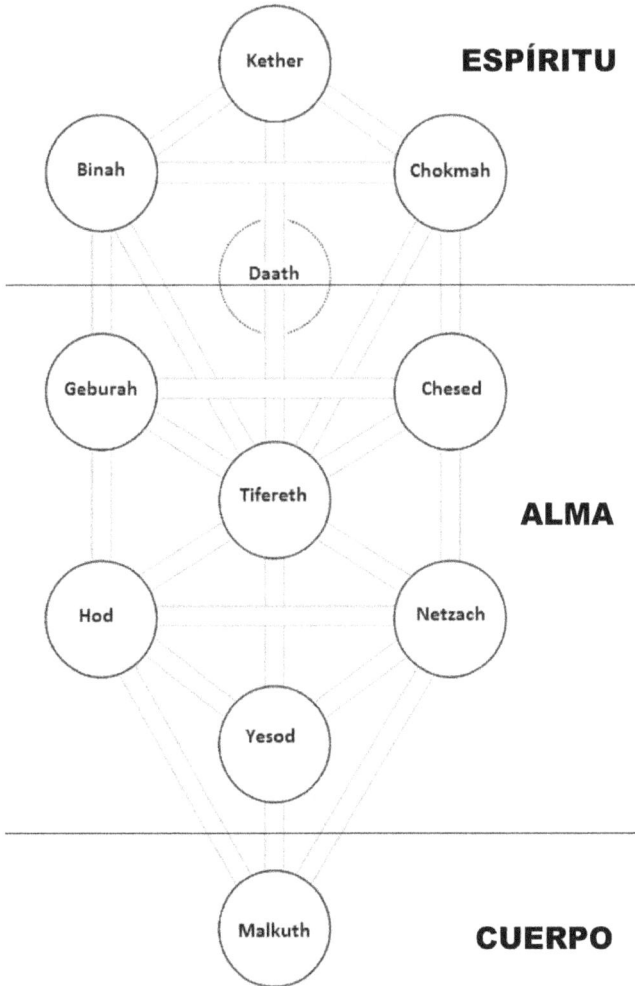

El Árbol de la Vida como expresión de la tricotomía del ser humano

TERMINOLOGÍA DE ALGUNOS AUTORES MODERNOS

Ramacharaka (*)	Rudolf Steiner (**)	M. Heindel (***)
Cuerpo físico	Cuerpo físico	Cuerpo denso
Prana o Fuerza vital	Cuerpo vital o morfogenético	Cuerpo vital
Cuerpo astral	Cuerpo astral o anímico	Cuerpo de deseos
Mente instintiva	Alma racional	Mente
Intelecto	Alma consciente	Espíritu humano
Mente espiritual	Espíritu de vida	Espíritu de vida
Espíritu	Hombre-espíritu	Espíritu divino

(*) Ramacharaka, Yogi: "Catorce lecciones de Filosofía Yogui y Ocultismo Oriental". Nos interesa particularmente la visión de este autor (también conocido como W. W. Atkinson) por ser uno de los Tres Iniciados que escribieron "El Kybalión".

(**) Steiner, Rudolf: "Teosofía". Este reconocido autor parte de una base trinitaria, diciendo que: *"El hombre es habitante de tres mundos. Mediante su cuerpo pertenece al mundo que percibe por medio de ese mismo cuerpo; mediante el alma se construye su propio mundo, y por medio del espíritu se le manifiesta un mundo superior a los otros dos"*, pero la compatibiliza con la visión teosófica, señalando incluso que: *"La constitución del hombre completo puede ser representada como sigue: a) Cuerpo físico; b) Cuerpo etérico o vital; c) Cuerpo anímico; d) Alma sensiente; e) Alma racional; f) Alma consciente; g) Seidad Espiritual; h) Espíritu Vital; i) Hombre-Espíritu. El cuerpo anímico c) y el alma sensiente d) son una unidad en el hombre terrestre, como también el alma consciente f) y la Seidad Espiritual g). Resultando entonces siete partes en el hombre terrestre"*.

(***) Heindel, Max: "Concepto Rosacruz del Cosmos"

Vehículo	Físico	Vital	Emocional	Mente de deseos	Alma espiritual
Elemento	Tierra	Agua	Aire	Fuego	Éter
Gran Obra	Nigredo	Albedo	Citrinitas	Rubedo	Gran Obra
Ave simbólica	Cuervo	Paloma o cisne	Águila	Pelícano	Fénix
Evangelistas	Lucas	Mateo	Juan	Marcos	Todos en Cristo
Vida de Cristo	Nacimiento	Bautismo	Transfiguración	Crucifixión	Ascensión
Punto cardinal	Norte	Este	Sur	Oeste	Centro
Fase de la Luna	Nueva	Creciente	Llena	Menguante	Todas las fases
Planeta	Saturno	Luna	Júpiter	Marte	Sol
Metal	Plomo	Plata	Estaño	Hierro	Oro
Virtud	Templanza	Fortaleza	Prudencia	Justicia	Fe-Esperanza-Caridad
Dragón a vencer	Basilisco	Serpiente escamosa	Dragón alado	Bestia de fuego	Ninguno
Cámara	Negra	Alba	Ámbar	Roja	Violeta
Rosa	Nigra	Alba	Flava	Rubea	Aurea
Sacramento	Extremaunción	Bautismo	Confirmación	Comunión	Orden sacerdotal
Líquido sagrado	Óleo o aceite	Agua bendita	Rocío	Sangre	Vino
Entrenamiento SPI	Eterofísico	Pránico	Emocional	Mental	Espiritual
Área educativa Kairos	Corporalidad	Armonización	Afectividad	Creatividad	Espiritualidad

Referencias bibliográficas y notas

CAPÍTULO I

(1) Taimni, I.K.: **Renovación de sí mismo y renovación por sí mismo.** Buenos Aires, Federación Teosófica Interamericana, 1979.
(2) Sheldrake, Rupert: **El renacimiento de la naturaleza.** Barcelona, Paidós, 1994.
(3) Sheldrake: Ibid.
(4) Dawkins, Richard: **El gen egoísta.** Barcelona, Salvat, 2002.
(5) Guénon, René: **El reino de la cantidad y los signos de los tiempos.** Barcelona, Paidós, 1997.
(6) Guénon: Ibid.
(7) El problema de las diversas terminologías puede ser un escollo para el estudiante, por lo cual es importante prestar atención a los conceptos, más que a la nomenclatura.
(8) Teresa de Ávila: **Las moradas.** Barcelona, Linkgua ediciones, 2007.
(9) Blavatsky, Helena: **La Doctrina Secreta (tomo VI).** Buenos Aires, Kier, 1997.
(10) Taimni, I.K.: Renovación, op. cit.
(11) Krishnamurti, Jiddu: **A los pies del Maestro.** Barcelona, Obelisco, 2009.

CAPÍTULO II

(1) Besant, Annie: **El hombre y sus cuerpos.** Buenos Aires, Kier, 1982.
(2) Pearson, Norman: **El espacio, el tiempo y el yo.** Buenos Aires, Ed. Federación Teosófica Interamericana, 1978.
(3) Hewitt, Paul: **Física conceptual.** México, Pearson Educación, 2004.
(4) Chown, Marcus: **We Need To Talk About Kelvin.** Londres, Faber and Faber, 2009.
(5) Calle, Ramiro: **Cuentos espirituales del Himalaya.** Málaga, Sirio, 2006.

CAPÍTULO III

(1) Taimni, Iqbal: **El Hombre, Dios y el Universo.** Buenos Aires,

Federación Teosófica Interamericana, 1979.

(2) Frase atribuida al tristemente célebre ministro de propaganda de la Alemania nazi, Joseph Goebbels.

(3) Ackerman, Diane: *Historia natural de los sentidos*. Barcelona, Anagrama, 2000.

(4) Calle, Ramiro: *Los mejores cuentos espirituales de Oriente*. Barcelona, RBA, 2004.

(5) Fisas, Vicenç: *Cultura de paz y gestión de conflictos*. Barcelona, Icaria, 1998.

(6) Korsmeyer, Carolyn: *El sentido del gusto: comida, estética y filosofía*. Barcelona, Paidós, 2002.

(7) Fossas, Francesc en revista "Fitomédica" Nro. 24, Junio 1999.

(8) Fossas: *Ibid*.

(9) Arenas, José Fernández: *Arte efímero y espacio estético*. Barcelona, Anthropos, 1998.

(10) Ackerman: *Historia, op. cit.*

(11) Información disponible en www.infociegos.com.

(12) Plutarco citado en: Perry, Whitall N.: *Tesoro de sabiduría tradicional*. Palma de Mallorca, José J. de Olañeta, 2000.

(13) Blavatsky, Helena: *La Doctrina Secreta (tomo VI)*. Buenos Aires, Kier, 1997.

(14) Ackerman, Diane: *Historia natural, op. cit.*

(15) Frith, Uta et al.: *Cómo aprende el cerebro: las claves de la educación*. Barcelona, Ariel, 2006.

(16) Blavatsky: *D.S. (VI), op. cit.*

(17) Geary, James: *El cuerpo electrónico*. Barcelona, Entretrés, 2007.

(18) Geary: *Ibid.*

(19) Yogananda, Paramahamsa: *Susurros de eternidad*. Buenos Aires, Kier, 1962.

(20) Law, William citado en: Perry, Whitall N.: *Tesoro, op. cit.*

(21) Albrecht, Ada: *Bhagavad Gita*. Buenos Aires, Hastinapura, 2008.

(22) Calle, Ramiro: *Cuentos del Himalaya, op. cit.*

CAPÍTULO IV

(1) Heindel, Max: *Concepto Rosacruz del Cosmos*. Buenos Aires, Kier, 2007.

(2) Blavatsky, Helena: *Collected Writings, XII, instrucción V, The linga sharira*. Wheaton, Theosophical Publishing House, 1980.

(3) De este modo, la mano izquierda "recibe" la energía y la mano derecha "envía" o "da". Este fenómeno puede observarse tanto en el reiki, en el mesmerismo, en algunas técnicas chamánicas y otras terapias de sanación, como en la cadena de unión masónica e incluso en el saludo solar con la mano derecha, utilizado por centurias en ámbitos iniciáticos y simbólicos hasta su profanación por el nazismo alemán.

(4) Devananda, Swami Vishnu: **Meditación y mantras.** Madrid, Alianza, 2001.

(5) Hall, Manly: **Ensayos sobre los principios fundamentales de la práctica del ocultismo.** Buenos Aires, Kier, 1988

(6) Algunos autores aseguran que en la mujer el orden de ida y pingala está invertido. Sin embargo, esta idea errónea fue originada en los libros de Charles Webster Leadbeater titulados "Los chakras" y "La vida oculta en la Masonería", donde expresa: *"El ida sale de la base de la espina dorsal, a la izquierda del sushumna, y el pingala de la derecha. En la mujer están invertidas estas posiciones".* Los yoguis experimentados son muy claros al afirmar que: *"Ida parte del testículo derecho y Pingala del testículo izquierdo. [...] Ida corre a través de la fosa nasal izquierda y Pingala a través de la fosa nasal derecha".* (Sivananda, Swami: **Kundalini Yoga.** Buenos Aires, Kier, 2006)

(7) Los hindúes hablan de "la cueva de Brahma" (brahma randhra) que se sitúa entre los dos hemisferios del cerebro.

(8) Prabhavananda, Swami: **Yoga and Mysticism: An Introduction to Vedanta.** Hollywood, Vedanta Society of Southern California, 1984.

(9) Vijoyananda, Swami: **La sagrada enseñanza de Ramakrishna.** Buenos Aires, Kier, 1957.

(10) Krishna, Gopi: **Kundalini: el yoga de la energía.** Barcelona, Kairós, 1988.

(11) Nityananda, citado en Jayakar, Pupul: **Krishnamurti: Biografía.** Buenos Aires, Kier, 1989.

(12) DeRose, Maestro: **Chakras y kundalini.** Buenos Aires, Kier, 2006.

(13) Hall, Manly: **Melquisedec y el misterio del fuego.** Buenos Aires, Kier, 1996.

CAPÍTULO V

(1) Blay, Antonio: **Energía personal.** Barcelona, Iberia, 1964.

(2) Ramacharaka, Yogi: **Ciencia hindú-yogui de la respiración.** Madrid, EDAF, 1985.

(3) Citado en: Humphreys, Christmas: *Concentración y meditación.* Barcelona, Martínez Roca, 1985.

(4 Humphreys: *Ibid.*

(5) Calpe Rufat, Isabel: *Qi Gong: Práctica corporal y pensamiento chino.* Barcelona, Kairós, 2003.

(6) Blay: *Energía personal, op. cit.*

(7) Humphreys: *Concentración y meditación, op. cit.*

CAPÍTULO VI

(1) Powell, Arthur: *El cuerpo astral.* Buenos Aires, Kier, 1978.

(2) Pavri, Pestanji: *Teosofía explicada en preguntas y respuestas.* México D.F., Orión, 1988.

(3) Prabhupada, Bhaktivedanta Swami: *Raja Vidya: el rey del conocimiento.* Buenos Aires, Fondo Editorial Bhaktivedanta, 1988.

(4) También sobre esto existen varias versiones. Aquí nos hemos ceñido a la versió tradicional india tomada por Row, Subba: *Consciencia e Inmortalidad.* Buenos Aires, Kier, 1994.

(5) Otra vez la confusión fue originada en los libros de Charles Leadbeater, en especial "Los Chakras". No obstante, el maestro deRose es claro y argumenta que: *"Por el hecho de que les gusta desenvolver los chakras, pero no desean actuar sobre la kundalini, los occidentales suelen representar ilustrativamente los chakras desplazados, más para la derecha o para la izquierda, más para arriba o para abajo, conforme la localización de las "flores", la porción exterior. Sólo constituyen representaciones de los vórtices de los chakras, cuyo desenvolvimiento puede originar fenómenos paranormales, pero no produce evolución interior".*

(6) Blavatsky, Helena: *La Voz del Silencio.* México D.F. Diana, 1979.

(7) Epicteto: *Manual de vida.* Palma de Mallorca, José J. de Olañeta, 1997.

(8) Taimni: *Renovación, op. cit.*

CAPÍTULO VII

(1) Atkinson, William Walker: *Magia mental.* Barcelona, Serrahima y Urpi, 1968.

(2) Taimni: *Renovación, op. cit.*

(3) Taimni: *Renovación, op. cit.*

(4) Arntz, William: **¿¡Y tú qué (S)aßes!?: descubriendo las infinitas posibilidades para cambiar tu realidad cotidiana.** Buenos Aires, Kier, 2006.

(5) Powell, Arthur: **El cuerpo astral.** Buenos Aires, Kier, 1978.

(6) Citado en: Panchadasi, Swami: **Nuestras fuerzas ocultas.** Buenos Aires, Kier, 1983.

(7) Blay, Antonio: **El trabajo interior.** Barcelona, Indigo, 1993.

(8) Blavatsky: *La Voz del Silencio, op. cit.*

(9) Calle, Ramiro: **Recobrar la mente.** Barcelona, Urano, 1991.

(10) Fromm, Erich: **El arte de amar.** Barcelona, Paidós, 2007.

CAPÍTULO VIII

(1) Vijoyananda: *La sagrada enseñanza de Ramakrishna, op. cit.*

(2) Heindel, Max: **Cartas a los estudiantes.** Buenos Aires, Kier, 1985.

(3) Blavatsky: *La Voz del Silencio, op. cit.*

(4) Blavatsky: *La Voz del Silencio, op. cit.*

(5) Vijoyananda: *La sagrada enseñanza de Ramakrishna, op. cit.*

(6) Barker, Trevor: **Las cartas de los mahatmas M. y K.H. a A.P. Sinnett.** Barcelona, Rubi, 1994.

(7) De Mello, Anthony: **La oración de la rana.** Bilbao, Sal Terrae, 1988.

(8) Ramakrishna citado en: Perry, Whitall N.: *Tesoro, op. cit.*

(9) Besant, Annie: **Estudio sobre la conciencia.** Barcelona, Biblioteca Orientalista, [s.d.].

(10) Taimni: *Renovación, op. cit.*

(11) Taimni: *Renovación, op. cit.*

(12) Humphreys: *Concentración y meditación, op. cit.*

(13) Krishnamurti, Jiddu: **A los pies del Maestro.** Madrid, EDAF, 1993.

(14) Besant: *Estudio sobre la conciencia, op. cit.*

(15) Besant: *Estudio sobre la conciencia, op. cit.*

(16) Besant: *Estudio sobre la conciencia, op. cit.*

(17) Besant: *Estudio sobre la conciencia, op. cit.*

(18) Blavatsky: *La Voz del Silencio, op. cit.*

(19) Taimni: *Renovación, op. cit.*

CAPÍTULO IX

(1) Taimni: *Renovación, op. cit.*

(2) Rojas, Enrique: **La conquista de la voluntad.** Madrid, Temas de hoy, 1997.

(3) Baliño, Enrique: **No + pálidas.** Montevideo, Xn publishing, 2010.

(4) Rojas: *Conquista, op. cit.*

(5) Taimni: *Renovación, op. cit.*

(6) Taimni: *Renovación, op. cit.*

(7) Das, Bhagavan: **La ciencia de las emociones.** Buenos Aires, Glem, 1958.

(8) Das: *Ibid.*

(9) Das: *Ibid.*

(10) También debemos recordar que pueden existir otros factores en este proceso e influencias externas como las "formas de pensamiento", que hemos visto en un capítulo anterior.

(11) Proust, Marcel: **En busca del tiempo perdido.** Madrid, Sexto Piso Editorial, 2006.

(12) Aristóteles: **Poética.** México D.F., Editorial Universidad Nacional Autónoma de México, 1946.

(13) Hall, Manly: *Ensayos, op. cit.*

(14) Ramacharaka, Yogi: **Curso Adelantado sobre Filosofía Yogi y Ocultismo Oriental.** Buenos Aires, Kier, 2005.

CAPÍTULO X

(1) Calle, Ramiro: *Recobrar la mente, op. cit.*

(2) Cihlar, Many y Spencer Lewis, Harvey: **Místicos en oración.** México D.F., Gran Logia AMORC, 1983.

(3) De Mello: *Oración de la rana, op. cit.*

(4) Blavatsky, Helena: **Glosario Teosófico.** Buenos Aires, Kier, 1977.

(5) Bailey, Alice: **La educación en la Nueva Era.** Málaga, Sirio, 1988.

(6) Blavatsky: *La Voz del Silencio, op. cit.*

(7) Powell, Arthur: **El cuerpo causal y el Ego.** Buenos Aires, Kier, 1978.

(8) Declaración de Larry Young, del Centro Nacional de Primatología de la Universidad de Emory.

(9) Taimni: *Renovación, op. cit.*

(10) Taimni: *Renovación, op. cit.*

(11) Rojas Soriano, Raúl: *Investigación social: teoría y praxis.* México, Plaza y Valdés, 1989.

(12) Varios autores: **Diccionario soviético de filosofía.** Montevideo, Ediciones Pueblos Unidos, 1965.

(13) Taimni: *Renovación, op. cit.*

(14) Taimni: *Renovación, op. cit.*

(15) Una vez más advertimos que las diversas nomenclaturas pueden llevarnos a la confusión. Sobre esto, vale la pena aclarar que en ocasiones se llama "cuerpo causal" a Buddhi e incluso a la conjunción de Buddhi-Manas.

(15) Lamanna, E. Paolo: *El pensamiento antiguo.* Buenos Aires, Hachette, 1957

(16) Álvarez Castaño, Pablo: *Las 64 casillas.* Barcelona, Paidotribo, 2004.

(17) Lasker, Emanuel citado por la "American Go Association" en su página web.

(18) Antolínez, Miguel Ángel: *El Go, un juego oriental milenario.* Barcelona, Nueva Acrópolis, 1998.

(19) Bassarsky, Franklin: *Por qué aprender a jugar al Go.* Artículo disponible en la web de la Asociación argentina del juego de Go.

(20) Taimni: *Renovación, op. cit.*

CAPÍTULO XI

(1) Teresa de Ávila: *Las moradas.* Barcelona, Linkgua ediciones, 2007.

(2) Louis-Claude de Saint Martin, citado en: Perry, Whitall N.: *Tesoro, op. cit.*

(3) Reneville, Roland de: *Poetas y místicos*, incluido en Revista "El hijo pródigo", México, Año II, Vol IV. Nro 19. Octubre 1944

(4) Taimni: *Renovación, op. cit.*

(5) Taimni: *Renovación, op. cit.*

(6) Iyengar, Bellur K.S.: *La esencia del Yoga II.* Barcelona, Kairós, 2008.

(7) Krishnamurti: *A los pies del Maestro, op. cit.*

(8) Taimni: *Renovación, op. cit.*

(9) Gurdjieff, Georges: *Perspectivas desde el mundo real.* Málaga, Sirio, 2004.

(10) Aquino, Tomás de: *El Padre Nuestro y el Ave María comenta-*

dos. Disponible en la web ("Collationes super Pater Noster" y "Collationes super Ave Maria")

APÉNDICE

(1) Bustamante, Antonio: *Virtudes castrenses del ángulo recto.* Artículo disponible en la web.
(2) DeRose, Maestro: *Chakras y Kundalini, op. cit.*
(3) Calle, Ramiro: *El gran libro de yoga.* Barcelona, Urano, 1999.

APÉNDICE II

(1) Tres Iniciados: *El Kybalión.* México D.F., Orión, 1977.
(2) Feuerstein, Georg: *Sagrada sexualidad.* Barcelona, Kairós, 1995.
(3) Fromm, Erich: *El arte de amar, op. cit.*

www.ingramcontent.com/pod-product-compliance
Lightning Source LLC
Chambersburg PA
CBHW030826090426
42737CB00009B/892